AF186442

Tucholsky   Wagner   Zola   Scott   Sydow   Freud   Schlegel
Turgenev   Wallace   Fonatne
Twain   Walther von der Vogelweide   Fouqué   Friedrich II. von Preußen
Weber   Freiligrath   Frey
Fechner   Weiße Rose   Kant   Ernst
Fichte   von Fallersleben   Richthofen   Frommel
Engels   Fielding   Hölderlin
Fehrs   Faber   Flaubert   Eichendorff   Tacitus   Dumas
Feuerbach   Maximilian I. von Habsburg   Fock   Eliasberg   Zweig   Ebner Eschenbach
Ewald   Eliot   Vergil
Goethe   Elisabeth von Österreich   London
Mendelssohn   Balzac   Shakespeare   Dostojewski   Ganghofer
Trackl   Lichtenberg   Rathenau   Doyle   Gjellerup
Mommsen   Stevenson   Tolstoi   Hambruch
Thoma   Lenz   Hanrieder   Droste-Hülshoff
Dach   Verne   von Arnim   Hägele   Hauff   Humboldt
Karrillon   Reuter   Rousseau   Hagen   Hauptmann   Gautier
Garschin   Defoe   Baudelaire
Damaschke   Descartes   Hebbel
Hegel   Kussmaul   Herder
Wolfram von Eschenbach   Dickens   Schopenhauer
Darwin   Rilke   George
Bronner   Melville   Grimm   Jerome
Campe   Horváth   Aristoteles   Bebel   Proust
Bismarck   Vigny   Barlach   Voltaire   Federer   Herodot
Gengenbach   Heine
Storm   Casanova   Tersteegen   Grillparzer   Georgy
Chamberlain   Lessing   Langbein   Gilm   Gryphius
Brentano   Lafontaine
Strachwitz   Claudius   Schiller   Schilling   Kralik   Iffland   Sokrates
Katharina II. von Rußland   Bellamy   Gerstäcker   Raabe   Gibbon   Tschechow
Löns   Hesse   Hoffmann   Gogol   Wilde   Vulpius
Luther   Heym   Hofmannsthal   Klee   Hölty   Morgenstern   Gleim
Roth   Heyse   Klopstock   Puschkin   Homer   Kleist   Goedicke
Luxemburg   La Roche   Horaz   Mörike   Musil
Machiavelli   Kierkegaard   Kraft   Kraus
Navarra   Aurel   Musset   Lamprecht   Kind   Kirchhoff   Hugo   Moltke
Nestroy   Marie de France   Laotse   Ipsen   Liebknecht
Nietzsche   Nansen   Gorki   Klett   Ringelnatz
von Ossietzky   Marx   Lassalle   Leibniz
May   vom Stein   Lawrence   Irving
Petalozzi   Platon   Knigge
Sachs   Pückler   Michelangelo   Kafka
Poe   Liebermann   Kock   Korolenko
de Sade   Praetorius   Mistral   Zetkin

Kritiken und Berichterstattungen

Heinrich von Kleist

Impressum

Autor: Heinrich von Kleist
Umschlagkonzept: toepferschumann, Berlin

Verlag: tradition GmbH, Hamburg
ISBN: 978-3-8472-3588-0
Printed in Germany

Ziel der TREDITION CLASSICS ist es, tausende deutsch- und
fremdsprachige Klassiker wieder in Buchform verfügbar zu
machen. Die Werke wurden eingescannt und digitalisiert. Dadurch
können etwaige Fehler nicht komplett ausgeschlossen werden.
Unsere Kooperationspartner und wir von tredition versuchen, die
Werke bestmöglich zu bearbeiten. Sollten Sie trotzdem einen Fehler
finden, bitten wir diesen zu entschuldigen. Die Rechtschreibung der
Originalausgabe wurde unverändert übernommen. Daher können
sich hinsichtlich der Schreibweise Widersprüche zu der heutigen
Rechtschreibung ergeben.

Nützliche Erfindungen

Entwurf einer Bombenpost

Man hat, in diesen Tagen, zur Beförderung des Verkehrs innerhalb der Grenzen der vier Weltteile, einen elektrischen Telegraphen
erfunden; einen Telegraphen, der mit der Schnelligkeit des Gedan-
kens, ich will sagen, in kürzerer Zeit, als irgend ein chronometri-
sches Instrument angeben kann, vermittelst des Elektrophors und
des Metalldrahts, Nachrichten mitteilt; dergestalt, daß wenn jemand, falls nur sonst die Vorrichtung dazu getroffen wäre, einen
guten Freund, den er unter den Antipoden hätte, fragen wollte: wie
gehts dir? derselbe, ehe man noch eine Hand umkehrt, ohngefähr
so, als ob er in einem und demselben Zimmer stünde, antworten
könnte: recht gut. So gern wir dem Erfinder dieser Post, die, auf
recht eigentliche Weise, auf Flügeln des Blitzes reitet, die Krone des
Verdienstes zugestehn, so hat doch auch diese Fernschreibekunst
noch die Unvollkommenheit, daß sie nur, dem Interesse des Kauf-
manns wenig ersprießlich, zur Versendung ganz kurzer und lakoni-
scher Nachrichten, nicht aber zur Übermachung von Briefen, Be-
richten, Beilagen und Paketen taugt. Demnach schlagen wir, um
auch diese Lücke zu erfüllen, zur Beschleunigung und Vervielfa-
chung der Handelskommunikationen, wenigstens innerhalb der
Grenzen der kultivierten Welt, eine *Wurf- oder Bombenpost* vor; ein
Institut, das sich auf zweckmäßig, innerhalb des Raums einer
Schußweite, angelegten Artilleriestationen, aus Mörsern oder Hau-
bitzen, hohle, statt des Pulvers, mit Briefen und Paketen angefüllte
Kugeln, die man ohne alle Schwierigkeit, mit den Augen verfolgen,
und wo sie hinfallen, falls es kein Morastgrund ist, wieder auffinden kann, zuwürfe; dergestalt, daß die Kugel, auf jeder Station zuvörderst eröffnet, die respektiven Briefe für jeden Ort herausge-
nommen, die neuen hineingelegt, das Ganze wieder verschlossen,
in einen neuen Mörser geladen, und zur nächsten Station weiter
spediert werden könnte. Den Prospektus des Ganzen und die Beschreibung und Auseinandersetzung der Anlagen und Kosten behalten wir einer umständlicheren und weitläufigeren Abhandlung

bevor. Da man, auf diese Weise, wie eine kurze mathematische Berechnung lehrt, binnen Zeit eines halben Tages, gegen geringe Kosten von Berlin nach Stettin oder Breslau würde schreiben oder respondieren können, und mithin, verglichen mit unseren reitenden Posten, ein zehnfacher Zeitgewinn entsteht oder es ebensoviel ist, als ob ein Zauberstab diese Orte der Stadt Berlin zehnmal näher gerückt hätte: so glauben wir für das bürgerliche sowohl als handeltreibende Publikum, eine Erfindung von dem größesten und entscheidendsten Gewicht, geschickt, den Verkehr auf den höchsten Gipfel der Vollkommenheit zu treiben, an den Tag gelegt zu haben.

Berlin, den 10. Okt. 1810

rmz.

[2]

Schreiben eines Berliner Einwohners an den Herausgeber der Abendblätter

Mein Herr!

Dieselben haben in dem 11. Stück der Berliner Abendblätter, unter der Rubrik: Nützliche Erfindungen, den Entwurf einer Bombenpost zur Sprache gebracht; einer Post, die der Mangelhaftigkeit des elektrischen Telegraphen, nämlich, sich mit nichts, als kurzen Anzeigen, befassen zu können, dadurch abhilft, daß sie dem Publiko auf zweckmäßig angelegten Artilleriestationen, Briefe und Pakete mit Bomben und Granaten zuwirft. Erlauben Dieselben mir zu bemerken, daß diese Post, nach einer, in Ihrem eigenen Aufsatz enthaltenen Äußerung, voraussetzt, der Stettiner oder Breslauer Freund habe auf die Frage des Berliners an ihn: wie gehts dir? zu antworten: recht gut! Wenn derselbe jedoch, gegen die Annahme, zu antworten hätte: so, so! oder: mittelmäßig! oder: die Wahrheit zu sagen, schlecht; oder: gestern nacht, da ich verreist war, hat mich meine Frau hintergangen; oder: ich bin in Prozessen verwickelt, von denen ich kein Ende absehe; oder: ich habe Bankerott gemacht, Haus und Hof verlassen und bin im Begriff in die weite Welt zu gehen: so gingen, für einen solchen Mann, unsere ordinären Posten geschwind genug. Da nun die Zeiten von der Art sind, daß von je hundert Briefen, die zwei Städte einander zuschicken, neun und neunzig Anzeigen von der besagten Art enthalten, so dünkt uns, sowohl die elektrische Donnerwetterpost, als auch die Bomben- und Granatenpost könne vorläufig noch auf sich beruhen, und wir fragen dagegen an, ob Dieselben nicht die Organisation einer anderen Post zuwege bringen können, die, gleichviel, ob sie mit Ochsen gezogen, oder von eines Fußboten Rücken getragen würde, auf die Frage: wie gehts dir? von allen Orten mit der Antwort zurückkäme: je nun! oder: nicht eben übel! oder: so wahr ich lebe, gut! oder: mein Haus habe ich wieder aufgebaut; oder: die Pfandbriefe stehen wieder al pari; oder: meine beiden Töchter habe ich kürzlich verheiratet; oder: morgen werden wir, unter dem Donner der Kanonen, ein Nationalfest feiern; – und was dergleichen Antworten mehr sind. Hiedurch würden Dieselben sich das Publikum auf das lebhafteste verbinden, und da wir von Dero Eifer, zum Guten überall, wo es auf Ihrem Wege liegt, mitzuwirken, überzeugt sind, so halten wir uns nicht auf, die Freiheit dieses Briefes zu entschuldigen, und haben die Ehre, mit der vollkommensten und ungeheucheltsten Hochachtung zu sein, usw.

Berlin, den 14. Okt. 1810

Der Anonymus

Antwort an den Einsender des obigen Briefes

Dem Einsender obigen witzigen Schreibens geben wir hiemit zur Nachricht, daß wir uns mit der Einrichtung seiner Ochsenpost, oder seines moralischen und publizistischen Eldorados nicht befassen können. Persiflage und Ironie sollen uns, in dem Bestreben, das Heil des menschlichen Geschlechts, soviel als auf unserem Wege liegt, zu befördern, nicht irre machen. Auch in dem, Gott sei Dank! doch noch keineswegs allgemeinen Fall, daß die Briefe mit lauter Seufzern beschwert wären, würde es, aus ökonomischen und kaufmännischen Gesichtspunkten noch vorteilhaft sein, sich dieselben mit Bomben zuzuwerfen. Demnach soll nicht nur der Prospektus der Bombenpost, sondern auch ein Plan, zur Einsammlung der Aktien, in einem unserer nächsten Blätter erfolgen.

Die Redaktion

Über die Luftschiffahrt am 15. Oktober 1810

[1]

Schreiben aus Berlin

10 Uhr morgens

Der Wachstuchfabrikant Herr *Claudius* will, zur Feier des Geburtstages Sr. Königl. Hoheit, des Kronprinzen, heute um 11 Uhr, mit dem Ballon des Prof. J[ungius] in die Luft gehen, und denselben, vermittelst einer Maschine, unabhängig vom Wind, nach einer bestimmten Richtung hinbewegen. Dies Unternehmen scheint befremdend, da die Kunst, den Ballon, auf ganz leichte und naturgemäße Weise, ohne alle Maschinerie, zu bewegen, schon erfunden ist. Denn da in der Luft alle nur mögliche Strömungen (Winde) übereinander hegen: so braucht der Aeronaut nur vermittelst perpendikularer Bewegungen, den Luftstrom aufzusuchen, der ihn nach seinem Ziel führt: ein Versuch, der bereits mit vollkommnem Glück, in Paris, von Herrn Garnerin, angestellt worden ist.

Gleichwohl scheint dieser Mann, der während mehrerer Jahre im Stillen dieser Erfindung nachgedacht hat, einer besondern Aufmerksamkeit nicht unwert zu sein. Einen Gelehrten, mit dem er sich kürzlich in Gesellschaft befand, soll er gefragt haben: ob er ihm wohl sagen könne, in wieviel Zeit eine Wolke, die eben an dem Horizont heraufzog, im Zenit der Stadt sein würde? Auf die Antwort des Gelehrten:»daß seine Kenntnis so weit nicht reiche«, soll er eine Uhr auf den Tisch gelegt haben, und die Wolke genau, in der von ihm bestimmten Zeit, im Zenit der Stadt gewesen sein. Auch soll derselbe, bei der letzten Luftfahrt des Prof. J., im voraus nach Werneuchen gefahren, und die Leute daselbst versammelt haben: indem er aus seiner Kenntnis der Atmosphäre mit Gewißheit folgerte, daß der Ballon diese Richtung nehmen, und der Prof. J. in der Gegend dieser Stadt niederkommen müsse.

Wie nun der Versuch, den er heute, gestützt auf diese Kenntnis, unternehmen will, ausfallen wird: das soll in Zeit von einer Stunde entschieden sein. Herr Claudius will nicht nur bei seiner Abfahrt, den Ort, wo er niederkommen will, in gedruckten Zetteln bekannt

machen: es heißt sogar, daß er schon Briefe an diesen Ort habe ab-
gehen lassen, um daselbst seine Ankunft anzumelden. – Der Tag ist,
in der Tat, gegen alle Erwartung, seiner Vorherbestimmung gemäß,
ausnehmend schön.

N. S.

2 Uhr nachmittags

Herr Claudius hatte beim Eingang in den Schützenplatz Zettel
austeilen lassen, auf welchen er, längs der Potsdamer Chaussee,
nach dem Luckenwaldschen Kreis zu gehen, und in einer Stunde
vier Meilen zurückzulegen versprach. Der Wind war aber gegen 12
Uhr so mächtig geworden, daß er noch um 2 Uhr mit der Füllung
des Ballons nicht fertig war; und es verbreitete sich das Gerücht,
daß er vor 4 Uhr nicht in die Luft gehen würde.

[2]

Extrablatt

Über die gestrige Luftschiffahrt des Herrn Claudius

Herr Claudius hat seinen Versuch, den Ballon willkürlich, vermittelst einer Maschine, zu dirigieren, nicht zustande bringen können.
Sei es nun, daß der Wind, indem er die Taftwände zusammen-
drückte, der Anfüllung hinderlich, oder aber die Materialien (welches das Wahrscheinlichere ist) von schlechter Beschaffenheit waren: der Ballon hatte um 4 Uhr noch keine Steigekraft. Das Volk ist,
bei solchen Gelegenheiten, immer wie ein Kind; und während sich
Herr Reichard, der sich der Sache angenommen hatte, der augenscheinlichen Gefahr ungeachtet, erbot, in die Lüfte zu gehen, ward
Herr Claudius, durch die Vorsorge der Polizei, im Stillen in Sicherheit gebracht. Herr Reichard, dieser erfahrne und mutige Luftschiffahrer, dessen Einsicht man diese Sache überlassen mußte, setzte
sich demnach in der Tat in die Gondel; sein Glück aber wollte, daß
er, sogleich beim Aufsteigen, in die Bäume des zunächst liegenden
Gartens geriet: ohne welchen Glücksfall er unfehlbar auf halsbre-
chende Weise über die Dächer der Stadt hinweg geschleift haben
würde. Hierauf, nachdem man den Ballon wieder niedergezogen

und in die Mitte des Schützenplatzes gebracht hatte, ward er von höherer Hand befragt: ob er anders nicht, als mit Lebensgefahr steigen könne? und da Herr Reichard antwortete: »steigen könne und wolle er; aber, unter solchen Umständen, ohne Lebensgefahr nicht!« so ward ihm, auf unbedingte Weise, befohlen, auszusteigen: worauf die Herren Unternehmer, nachdem dies bewerkstelligt war, dem Volk noch, um es zu befriedigen, das kostspielige Schauspiel gaben, den Ballon für sich, ohne Schiffahrer, in das Reich der Lüfte empor gehen zu lassen. In weniger als einer Viertelstunde, war derselbe nunmehr den Augen entschwunden; und ob man ihn wieder auffinden wird, steht dahin.

Bei dieser Gelegenheit müssen wir auf den Versuch Herrn Garnerins zurückkommen, den Ballon, auf ganz leichte und ungewaltsame Weise, ohne alle Maschinerie, willkürlich zu bewegen. Dieser Versuch scheint Herrn Claudius nicht in seinem ganzen Umfange bekannt geworden zu sein. Herr Garnerin hat, bei seinem interessanten Experiment, zwei Erfahrungen zum Grunde gelegt: einmal, daß in der Luft alle nur möglichen Winde, in horizontaler Richtung, übereinander liegen; und dann, daß diese Winde, während der Nacht, den mindesten Wechseln (Veränderungen) unterworfen sind. Demnach ist er, im August d. J., zu Paris, mit der Vorherbestimmung, daß er nach Rheims gehen würde, zur Zeit der Abenddämmerung, aufgestiegen: überzeugt, daß er, in senkrechten Auf- und Niederschwebungen, vermittelst des Kompasses, den er bei sich hatte, den Luftstrom finden würde, der ihn nach dieser Stadt hintragen würde. Hier bei der Morgendämmerung des nächsten Tages angekommen, hat er sich ausgeruht und restauriert, und ist, bei Einbruch der Nacht, mit der Vorherbestimmung, daß er nach Trier gehen würde, mit demselben Ballon, von neuem in Luft gegangen. Diese Vorherbestimmung schlug in sofern fehl, daß er, am andern Morgen, nach Köln kam: aber der Versuch war entscheidend genug, um darzutun, daß man, bei der Direktion des Luftballons, schlechthin keiner Maschinen bedürfe. – Herr Claudius kann die nähere Beschreibung davon in den öffentlichen Blättern finden.

[3]

Neueste Nachricht

Der Ballon des Herrn Claudius soll, nach der Aussage eines Reisenden, in Düben niedergekommen sein.

[4]

Aëronautik

(S. Haude- u. Spenersche Zeitung, den 25. Okt. 1810)

Der, gegen die Abendblätter gerichtete, Artikel der Haude- und Spenerschen Zeitung, über die angebliche Direktion der Luftbälle, ist mit soviel Einsicht, Ernst und Würdigkeit abgefaßt, daß wir geneigt sind zu glauben, die Wendung am Schluß, die zu dem Ganzen wenig paßt, beruhe auf einem bloßen Mißverständnis.

Demnach dient dem unbekannten Herrn Verfasser hiemit auf seine, in Anregung gebrachten Einwürfe zur freundschaftlichen Antwort:

1) Daß wenn das Abendblatt, des beschränkten Raums wegen, den unverklausulierten Satz aufgestellt hat: die Direktion der Luftbälle sei erfunden; dasselbe damit keinesweges hat sagen wollen: es sei an dieser Erfindung nichts mehr hinzuzusetzen; sondern bloß: das Gesetz einer solchen Kunst sei gefunden, und es sei, nach dem, was in Paris vorgefallen, nicht mein zweckmäßig, in dem Bau einer, mit dem Luftball verbundenen, Maschine eine Kraft zu suchen, die in dem Luftball selbst, und in dem Element, das ihn trägt, vorhanden ist.

2) Daß die Behauptung, in der Luft seien Strömungen der vielfachsten und mannigfaltigsten Art enthalten, wenig Befremdendes und Außerordentliches in sich faßt, indem unseres Wissens, nach den Aufschlüssen der neuesten Naturwissenschaft, eine der Hauptursachen des Windes, chemische Zersetzung oder Entwickelung beträchtlicher Luftmassen ist. Diese Zersetzung oder Entwickelung der Luftmassen aber muß, wie eine ganz geringe Einbildung lehrt, ein konzentrisches oder exzentrisches, in allen seinen Richtungen diametral entgegengesetztes, Strömen der in der Nähe befindlichen Luftmassen veranlassen; dergestalt, daß an Tagen, wo dieser chemi-

sche Prozeß im Luftraum häufig vor sich geht, gewiß über einem gegebenen, nicht allzubeträchtlichen Kreis der Erdoberfläche, wenn nicht alle, doch so viele Strömungen, als der Luftfahrer, um die willkürliche Direktion darauf zu gründen, braucht, vorhanden sein mögen.

3) Daß der Luftballon des Herrn Claudius selbst (in sofern ein einzelner Fall hier in Erwägung gezogen zu werden verdient) zu dieser Behauptung gewissermaßen den Beleg abgibt, indem ohne Zweifel als derselbe ½5 Uhr durchaus westlich in der Richtung nach Spandau und Stendal aufstieg, niemand geahndet hat, daß er, innerhalb zwei Stunden, durchaus südlich, zu Düben in Sachsen niederkommen würde.

4) Daß die Kunst, den Ballon *vertikal* zu dirigieren, noch einer großen Entwickelung und Ausbildung bedarf, und derselben auch wohl, ohne eben große Schwierigkeiten, fähig ist, indem man ohne Zweifel durch Veränderung nicht bloß des absoluten, sondern auch spezifischen Gewichts (vermittelst der Wärme und der Expansion) wird steigen und fallen und somit den Luftstrom mit größerer Leichtigkeit wird aufsuchen lernen, dessen man, zu einer bestimmten Reise, bedarf.

5) Daß Herr Claudius zwar wenig getan hat, die Aufmerksamkeit des Publikums, die er auf sich gezogen hat, zu rechtfertigen; daß wir aber gleichwohl dahingestellt sein lassen, in wiefern derselbe, nach dem Gespräche der Stadt, in der Kunst, von der Erdoberfläche aus die Luftströmungen in den höheren Regionen zu beurteilen, erfahren sein mag: indem aus der Richtung, die sein Ballon anfänglich westwärts gegen Spandau und späterhin südwärts gegen Düben nahm, mit sonderbarer Wahrscheinlichkeit hervorzugehen scheint, daß er, wenn er aufgestiegen wäre, sein Versprechen erfüllt haben, und vermittelst seiner mechanischen Einwirkung, in der Diagonale zwischen beiden Richtungen, über der Potsdamer Chaussee, nach dem Luckenwaldischen Kreise, fortgeschwommen sein würde.

6) Daß wenn gleich das Unternehmen, vermittelst einer, im Luftball angebrachten Maschine, den Widerstand ganz konträrer Winde aufzuheben, unübersteiglichen Schwierigkeiten unterworfen ist, es doch vielleicht bei Winden von geringerer Ungünstigkeit möglich

sein dürfte, den Sinus der Ungünstigkeit, vermittelst mechanischer Kräfte, zu überwinden, und somit, dem Seefahrer gleich, auch solche Winde, die nicht genau zu dem vorgeschriebenen Ziel führen, ins Interesse zu ziehen.

Zudem bemerken wir, daß wenn 7) der Luftschiffahrer, aller dieser Hülfsmittel ungeachtet, tage- und wochenlang auf den Wind, der ihm passend ist, warten müßte, derselbe sich mit dem Seefahrer zu trösten hätte, der auch wochen-, oft monatelang, auf günstige Winde im Hafen harren muß: wenn er ihn aber gefunden hat, binnen wenigen Stunden damit weiter kommt, als wenn er sich, von Anfang herein, während der ganzen verlornen Zeit, zur Achse oder zu Pferde fortbewegt hätte.

Endlich selbst zugegeben 8) – was wir bei der Möglichkeit, auch selbst in der wolkigsten Nacht, den Polarstern, wenigstens auf Augenblicke, aufzufinden, keinesweges tun – dem Luftschiffer fehle es schlechthin an Mittel, sich in der Nacht im Luftraum zu orientieren: so halten wir den von dem unbekannten Herrn R. berechneten Irrtum von 6 Meilen, auf einen Radius von 30 Meilen, für einen sehr mäßigen und erträglichen. Der Aëronaut würde immer noch, wenn x die Zeit ist, die er gebraucht haben würde, um den Radius zur Achse zurückzulegen, in x/5 den Radius und die Sehne zurücklegen können. Wenn er dies, gleichviel aus welchen Gründen, ohne seinen Ballon, nicht wollte, so würde er sich wieder mit dem Seefahrer trösten müssen, der auch oft, widriger Winde wegen, statt in den Hafen einzulaufen, auf der Reede vor Anker gehen, oder gar in einen andern ganz entlegenen Hafen einlaufen muß, nach dem er gar nicht bei seiner Abreise gewollt hat.

Was Herrn Garnerin betrifft, so werden wir imstande sein, in kurzem bestimmtere Fakta, als die im 13. Abendblatt enthalten waren, zur Erwiderung auf die gemachten Einwürfe, beizubringen.

rm.

Zuschrift eines Predigers an den Herausgeber der Berliner Abendblätter

Mein Herr,

Der Erfinder der neuesten Quinenlotterie hat die aufgeklärte Absicht gehabt, die aberwitzige Traumdeuterei, zu welcher, in der Zahlenlotterie, die Freiheit, die Nummern nach eigner Willkür zu wählen, Veranlassung gab, durch bestimmte und feststehende Lose, die die Direktion ausschreibt, niederzuschlagen.

Mit Bedauern aber machen wir die Erfahrung, daß diese Absicht nur auf sehr unvollkommene Weise erreicht wird, indem der Aberglauben, auf einem Gebiet, auf dem man ihn gar nicht erwartet hatte, wieder zum Vorschein kommt.

Es ist wahr, die Leute träumen jetzt keine Nummern mehr; aber sie träumen die Namen der Kollekteurs, bei denen man setzen kann. Die gleichgültigsten Veranlassungen nehmen sie, in einer Verkettung von Gedanken, zu welchen kein Mensch die Mittelglieder erraten würde, für geheimnisvolle Winke der Vorsehung an. Verwichenen Sonntag nannte ich den David, auf der Kanzel, einen gottgefälligen Mann; nicht den Kollekteur dieses Orts, wie Dieselben leicht denken können, sondern den israelitischen König, den bekannten Sänger der frommen Psalmen. Tags darauf ließ mir der Kollekteur, durch einen Freund, für meine Predigt, scherzhafter Weise danken, indem alle Quinenlose, wie er mir versicherte, bei ihm vergriffen worden wären.

Ich bitte Sie, mein Herr, diesen Vorfall zur Kenntnis des Publikums zu bringen, und durch Ihr Blatt, wenn es möglieb, ist, den Entwurf einer anderweitigen Lotterie zu veranlassen, die den Aberglauben auf eine bestimmtere und so unbedingte Weise, als es der Wunsch aller Freunde der Menschheit ist, ausschließe.

F ..., den 15. Okt. 1810

F ...

Nachricht an den Einsender obigen Briefes

Geschäfte von bedeutender Wichtigkeit halten uns ab, selbst an den Entwurf einer solchen Lotterie zu denken.

Inzwischen wollen wir, zur Erreichung dieses Zwecks, soviel in unsern Kräften steht, von Herzen gern beförderlich sein.

Wir setzen demnach einen Preis von 50 Rtlr. auf die Erfindung einer solchen Lotterie.

Die Mathematiker, die sich darum bewerben wollen, haben ihre Entwürfe, mit Devisen versehen, an uns einzusenden.

Berlin, den 22. Okt. 1810

Die Redaktion der Abendblätter.

[Zur Eröffnung des Universitätsklinikums]

Nach einer heute geschehenen öffentlichen Bekanntmachung wird nunmehr das große medizinische, chirurgische Klinikum der Universität unter der Direktion der Herrn Professoren Reil und Gräfe am 5. November [1810] eröffnet. Eine Anstalt ganz von der Art und Beschaffenheit, ähnlich dem berühmten Wiener Institut, hatte bis jetzt Berlin, bei allem was auch bisher für die Pflege der praktischen Arzneikunde geschehen war, gefehlt, und es verdient den ehrerbietigsten und lebhaftesten Dank des Publikums, daß der landesväterliche König durch Einrichtung einer solchen, mit den bedeutendsten Kosten verbundenen Anstalt und durch Anstellung solcher ausgezeichneten Männer dabei, abermals einen Beweis seiner treuen unablässigen Sorge für das Wohl seiner Untertanen gegeben hat.

Politische Neuigkeit

Die heutigen französischen Blätter bringen die für den ganzen Kontinent von Europa so wichtige Nachricht, von dem durch den Tod der Prinzessin Amalie veranlaßten *Rückfall des Königs von England* in seine alte Krankheit. Allen Bulletins zufolge scheint der Anfall so heftig, als der im Jahr 1790. Sr. Majestät haben die Prorogatur des Parlament in eigner Person nicht vollziehen können und sind überhaupt zu allen Geschäften völlig unfähig: wenn am

15. November, dem Tage der Eröffnung des Parlaments, die Herstellung noch nicht erfolgt ist, so sieht man den fürchterlichsten Parteikämpfen, der Einsetzung einer Regentschaft, und, mit Hülfe der großen Krise, die das Genie Napoleons über Großbritannien zusammen zu ziehn gewußt hat, einer entscheidenden Wendung in den Schicksalen der Welt entgegen. Es ist keinem Zweifel unterworfen, daß England einer Revolution entgegen geht: die Emanzipation der irländischen Katholiken und die Parlamentsreform werden erfolgen, sobald der mächtige Damm verschwunden ist, welchen der Wille des Königs ihnen entgegen setzte: und daß alsdann ganz andere gesellschaftliche und politische Verhältnisse eintreten, daß, wenn die britische Konstitution umgestürzt ist, wenn die innere Haltung dieses Staates verschwunden sein wird, die Unfähigkeit Englands die Kontinentalverhältnisse zu beurteilen, zu regieren und darauf zu influieren, an den Tag kommen wird, daß also Negoziationen eintreten müssen; – alles dies wird jedem Unterrichteten einleuchten.

Geographische Nachricht von der Insel Helgoland

In den öffentlichen Blättern las man vor einiger Zeit, daß auf der, an der Mündung dreier Flüsse zugleich, nämlich der Weser, Elbe und Eider, liegenden und mithin den Unterschleifshandel, zwischen England und dem Kontinent, bis zu den letzten kaiserlich-französischen Dekreten, äußerst begünstigenden *Insel Helgoland*, für 20 Mill. Pfund Sterl. Wert, an Kolonialwaren und englischen Fabrikaten aufgehäuft wäre. Wenn man erwägt, wie groß die Menschenmasse sein muß, die ein Gewerbe, von so beträchtlichem, man möchte sagen ungeheurem Umfange, auf diesen Platz zusammenzieht: so wird eine Nachricht, über die geographische und physikalische Beschaffenheit dieser Insel sehr interessant, die kürzlich in den Gemeinnützigen Unterhaltungs-Blättern gestanden hat: ein Journal, das überhaupt, wegen der Abwechselung an lehrreichen und ergötzenden Aufsätzen, und des ganzen Geistes, ernst und heiter, der darin herrscht, den Titel eines Volksblatts (ein beneidenswürdiger Titel!) mehr als irgend ein andres Journal, das sich darum bewirbt, verdient. Nach diesem Blatt (St. 43) beträgt der Umfang des tonartigen Felsens, worauf dies kleine, Bedrängnissen aller Art seinen Ursprung dankende Etablissement ruht, nicht mehr

als ½ Meile; und auf der, dem zufolge nicht mehr als ¼ Quadrat-
meile betragenden Oberfläche, fanden, schon vor Ausbruch des
Krieges, weder die Häuser, 400 an der Zahl, die darauf befindlich
waren, noch die Familien, 430 an der Zahl, die sie bewohnten, gehö-
rigen Platz. Schon Büsching gibt die Menschenmenge zu 1700 Seelen an; eine ungeheure Bevölkerung, die die beträchtlichsten in
England und in den Niederlanden, von 4500 Seelen auf 1 Quadrat-
meile, um ein Drittel übersteigt. Dabei ist der hohe und steile, an
drei Seiten vom Meere bespülte Felsen, worauf der Flecken gebaut
ist, wegen seiner mürben, zwischen den Fingern zerreiblichen Sub-
stanz, durch die Witterung vom Gipfel zum Fuß zerspalten und
zerrissen; dergestalt, daß, aus Furcht vor den Erdfällen und Zerbrö-
ckelungen, die sehr häufig eintreten, bereits mehrere, auf dem äu-
ßersten Rand schwebende Häuser haben abgebrochen werden müssen, und bei einem derselben, vor mehreren Jahren, wirklich der
Flügel des Königl. Wachthauses, schon herabgestürzt ist. Die Besorgnis, den Felsen ganz sich auflösen und zusammenfallen zu
sehen, hat den Rat schon längst die Notwendigkeit einer Abda-
chung empfinden lassen; aber der beschränkte Raum, den sein Gipfel darbietet, und der im umgekehrten Verhältnis damit stehende,
ungeheure jährliche Wachstum der Bevölkerung, verzögern die
Ausführung dieses Entschlusses von Jahr zu Jahr. Die Einrichtung
der Häuser kleiner und kompendiöser zu machen, oder sie dichter
an einander zu rücken, oder die Straßen, die dadurch gebildet werden, zu verengen, ist unmöglich; denn die ein Stock hohen Häuser
enthalten nicht mehr, als ein Zimmer, eine Kammer, eine Küche
und eine Speisekammer, und die Straßen sind schon, ihrer ersten
Anlage nach, so eng, daß kein Fuhrwerk sie passieren, und höchs-
tens nur eine Leiche hindurch getragen werden kann. Gegen Südost
befindet sich zwar noch ein kleines dünenartiges Vorland oder Unterland, auf dessen höchstem Punkt dicht an der Felswand noch
50 Häuser angenistet sind; aber die Flut, so oft sie eintritt, über-
schwemmt diese Düne, und bei Stürmen und Ungewittern droht
der Wachstum derselben, die Häuser, die darauf befindlich sind,
gänzlich hinwegzuspülen. Erwägt man hierbei, daß der Felsen ganz
unfruchtbar ist; daß auf dem Vor- oder Unterland, zwischen den
Häusern, der einzige süße trinkbare Quell entspringt; daß man sich
im Flecken selbst, mit bloßem Regenwasser behelfen, und an heißen
Sommertagen, über eine Treppe von 191 Stufen herabsteigen muß,

um daraus zu schöpfen; daß nur einige Johannisbeersträucher, ein wenig Gerste (400 Tonnen nach Büsching) und Weide fürs Vieh, auf der Oberfläche des Felsens wachsen; daß innerhalb des hohen, vor Stürmen einigermaßen gesicherten, Hofes des Predigerhauses der einzige Baum befindlich ist (ein Maulbeerbaum); daß demnach, vom Ursprung dieses Etablissements an, alle Bedürfnisse, auch die ersten und dringendsten, aus den, sechs und zehn Meilen fernen Häfen des festen Landes, geholt werden mußten; daß durch den Krieg und die unerbittliche Sperrung des Kontinents der Insel diese Zufuhr gänzlich abgeschnitten ist; daß mithin, bis auf Fleisch, Butter, Bier, Salz und Brot, alles, mit unverhältnismäßig mühevollen Anstrengungen, aus den Häfen von England herübergeschafft werden muß: so gehört dieser, um einen Wert von 20 Mill. Pfund Sterling, spielende, kontinuierliche, an Leben und Bewegung alle Messen des Kontinents übertreffende Handel, der auf dieser öden, nackten, von der Natur gänzlich vernachlässigten Felsscholle, inmitten des Meers, sein Warenlager aufgeschlagen hat (nun aber wahrscheinlich Bankerott machen wird), gewiß zu den außerordentlichsten und merkwürdigsten Erscheinungen der Zeit.

hk.

Weihnachtsausstellung

Eine der interessantesten Kunstausstellungen für das bevorstehende Weihnachtsfest, wert, daß man sie besuche, und auch wohl, daß man etwas darin kaufe, ist vielleicht die Warenausstellung der, zum Besten der verschämten Armen beiderlei, doch vorzüglich weiblichen Geschlechts errichteten Kunst- und Industriehandlung, von Mad. Henriette Werkmeister, Oberwallstraße Nr. 7. Es hat etwas Rührendes, das man nicht beschreiben kann, wenn man in diese Zimmer tritt; Scham, Armut und Fleiß haben hier, in durchwachten Nächten, beim Schein der Lampe, die Wände mit allem was prächtig oder zierlich oder nützlich sein mag, für die Bedürfnisse der Begüterten, ausgeschmückt. Es ist, als sähe man die vielen tausend kleinen niedlichen Hände sich regen, die hier, vielleicht aus kindlicher Liebe, eines alten Vaters oder einer kranken Mutter wegen, oder aus eigner herben dringenden Not, geschäftigt waren: und man möchte ein Reicher sein, um das ganze Putzlager, mit allen Tränen, die daraufgefallen sein mögen, zu kaufen, und an die

Verfertigerinnen, denen die Sachen doch wohl am besten stehen würden, zurückzuschenken. Zu den vorzüglichsten Sachen gehören:

1. Ein Korb mit Blumen, in Chenille gestickt, mit einer Einfassung; etwa als Kaminschirm zu gebrauchen. Die Stickerei ist, auf taftnem Grund, eine Art von Basrelief; ein Büschel Rosen tritt, fast einen Zoll breit, so voll und frisch, daß man meint, er duftet, aus dem Taftgrunde hervor. Zu wünschen bleibt, daß auch die anderen Blumen und Blätter, die aus dem Korb vorstrebend, darin verwebt sind, verhältnismäßig hervorträten, das würde das Bild eines ganz lebendigen Blumenstraußes geben. Eine edle Dame hat dies Kunst- und Prachtwerk bereits für 15 Louisdor erkauft; und nur auf die Bitte der Vorsteherin befindet es sich noch hier, um die Ausstellung, während des Weihnachtsfestes, als das wahre Kleinod derselben, zu schmücken.
2. Eine Garnitur geklöpfelter Uhrbänder. Die Medaillen an dem Ende der Bänder, stellen, in Seide gewirkt, Köpfe, Tiere und Blumen dar; so fein und zierlich, daß man sie für eine Art von Miniaturmosaik halten möchte.
3. Ein, in Wolle, angeblich ohne Zeichnung gestickter, Fußteppich. Ein ganzer Frühling voll Rosen schüttet sich, in der lieblichsten Unordnung, darauf aus; und auch die Arabeskeneinfassung ist zierlich und geschmackvoll.
4. Ein Rosenstrauß, auf englischem Manschester gemalt, mit einer Einfassung von Winden; gleichfalls als Kaminschirm zu gebrauchen.
5. Ein ganz prächtiges Taufzeug.

Vieler Kleider, unter welchen ein gesticktes Musselinkleid oben an, Tücher, Hauben, eine immer schöner als die andere, Strick-, Geld- und Tabaksbeutel, in allen Provinzen des Reichs zusammengearbeitet, das Ganze mehr denn 10000 Taler an Wert, nicht zu erwähnen. – Wir laden die jungen Damen der Stadt, die begüterten sowohl als die unbegüterten ein, diese Anstalt zu besuchen, und glauben verbürgen zu können, daß sie diesen Gang weder in dem einen noch in dem andern Fall, umsonst tun werden.

[*Über die Luxussteuern*]

Wenn man den Zweck der, in dem Edikt vom 28. Okt. d. J., dem Lande auferlegten Luxussteuern bedenkt –: wenn man erwägt, daß sie nicht ausgeschrieben worden sind, um die Hofhaltung eines ausgelassenen Fürsten oder die Tafel seines Günstlings, oder den Putz und die Haushaltung seiner Mätressen etc. zu bestreiten; wenn man erwägt, daß sie, im festen Vertrauen auf den Edelmut und den Gemeinsinn der Nation, als eine Art von patriotischem Beitrag, in Augenblicken dringender fast hülfloser Not, zur Rettung des Staats, erfordert worden sind: so wird ein Brief sehr merkwürdig, der uns, von unbekannter Hand, mit der Bemerkung, daß er gefunden worden, zugestellt worden ist. Wir teilen ihn ohne Abänderung unsern Lesern mit.

Bruderherz!

Was klagst du doch über die, in dem Edikt vom 28. Okt. d. J. ausgeschriebenen, neuesten Luxussteuern? Die Absicht und die Meinung, in der sie ausgeschrieben sind, lasse ich dahin gestellt sein; sie ist eine Sache für sich. Die Auslegung aber kömmt dem Publiko zu; und je öfter ich es überlese, je mehr überzeuge ich mich, daß es dich und mich gar nicht trifft.

Es ist wahr, ich halte 2 Kammerdiener und 5 Bediente; Haushofmeister, Kutscher, Koch und Kunstgärtner mit eingerechnet, beläuft sich meine Livree auf 12 Köpfe. Aber meinst du deshalb (denn der Satz im Edikt pro Mann beträgt 20 Tlr.), daß ich 240 Tlr. an die Luxussteuerkasse entrichten würde; Mitnichten! Mein Gärtner ist, wie du weißt, eigentlich mein Vizeverwalter, der Koch, den ich bei mir habe, ursprünglich der Bäcker des Orts; beide sind nur nebenher Gärtner und Koch; der Kutscher, der Jäger auch, der Friseur nebst Kammerdiener, und zwei Bediente sind, so wahr ich lebe, bloße Knechte; Menschen, die zu meinem Hofgesinde gehören, und die ich, wenn es not tut, auf dem Feld oder im Wald brauche. Da nun das Edikt (§ II, 10 a) sagt, daß Leute, die nur nebenher dienen, mehr nicht, als die Hälfte des Satzes und Knechte gar nichts zahlen: so bleibt für mich nur der Haushofmeister und zwei Bedienten als steuerpflichtig übrig: macht (à 10 Tlr.) 30 Reichstaler, oder drunter.

Ebenso, siehst du, mit den Hunden. In meinen Ställen, die Wahrheit zu sagen, befinden sich zwei auserlesene Koppeln; Doggen, die eine, echt englische, 17 an der Zahl; die andere besteht aus 30 Jagdkleppern; Hühnerhunde, Teckel und dergleichen rechne ich nicht. Aber meinst du, das Edikt sähe deshalb mich an mit 1 Tlr. pro Hund; Mitnichten! Diese Koppeln gehören meinem Jäger; und da das Edikt (§ II, 10 b) Hunde die eines Gewerbes wegen gehalten werden, von der Steuer ausnimmt: so bleibt für mich nur, als steuerverfallen, ein Pudel von der norwegischen Rasse, ein Mops und der Schoßhund meiner Frau: macht (à Hund 1 Tlr.) 3 Tlr. mehr nicht.

Ein Gleiches gilt von den Pferden! – Zwar, wenn es Markt ist, fährt meine Frau mit den vier holsteinschen Rappen nach der Stadt; das schwarze Silbergeschirr steht den zwei jungen Apfelschimmeln nicht übel und der Fuchs und der Braune gehn gut, wenn ich sie reite. Aber meinst du, daß dies darum, durch die Bank, Reit- und Kutschpferde wären, die ich, mit 15 Tlr. pro Stück, zu versteuern hätte? Mitnichten! Die Pferde, das weiß jedermann, brauch ich im Frühjahr und bei der Ernte; und da das Edikt (§ II, 10 c) von Gebrauchspferden nicht spricht: so prallt die Forderung auch hieher von mir ab und ich zahle nichts.

Endlich, was die Wagen betrifft! – Zwar die zwei englischen Batarden, die ich kürzlich gekauft, werde ich, ob ich sie gleich in Kreisgeschäften zuweilen brauche, mit 8 Tlr. pro Stück, versteuern müssen. Aber den Halbwagen und die drei in Federn hängenden Korbwagen mit Verdeck? Mitnichten! Den Halbwagen, an dem ich kürzlich die Achse zerbrach, verbrenn ich oder verkauf ich; und von den Korbwagen beweis ich, daß ich vergangenes Jahr Heu und Strauchwerk damit eingefahren, und die 2 Fahrzeuge mithin Acker- und Lastwagen sind. Mithin geht der Kelch der Luxussteuer auch hier an mir vorüber; und es bleibt, außer den Batarden, nur noch eine zweirädrige Jagdkalesche übrig, die ich mit 5 Tlr. (denn mehr beträgt es nicht) (§ II, 10 d) zu versteuern habe.

Lebe wohl!

Gäbe es der begüterten Staatsbürger, welche so denken, mehrere: so wäre es allerdings besser, weder die Luxus- noch irgend eine andere Steuer wäre ausgeschrieben worden. Denn ob ein Staat, der aus solchen Bürgern zusammengesetzt ist, besteht, oder ob er, von den Stürmen der Zeit, in alle Lüfte verweht wird: das gilt völlig gleichviel. Glücklicherweise aber fehlt es an wackern, der Aufopferung fähigen Leuten, die den Drang des Augenblicks und die Zweckmäßigkeit der Luxussteuer begreifen, im Lande nicht; und da obiger Brief nur die Verirrung einer einzelnen, isolierten Schlechtigkeit sein kann: so wollen wir, zur Rechtfertigung der besagten Maßregel, folgende Antwort darauf versuchen.

Mein Herr!

Wenn die Landesbehörde, welche die Steuer ausschrieb, streng gegen Sie sein wollte, so nähme sie Dieselben, vermittelst eines eigenen Spezialbefehls, von der Steuer aus. Sie ließe Ihren Namen da, wo er wahrscheinlich früh oder spät noch einmal zu lesen sein wird, anschlagen, und setzte darunter: dieser ist von der Steuer frei. Da jedoch Huld und Güte, seit undenklichen Zeiten, die Eigenschaft aller unserer Landesregierungen gewesen ist: so wird, meine ich, die ganze Maßregel, die sie in bezug auf Ihre Genossenschaft (falls Sie dergleichen haben) ergreifen dürfte, diese sein, daß sie durch Vergrößerung des Beamtenpersonale, die Kontrolle der Luxussteuer und der Verpflichtung sie zu bezahlen, schärft. Alsdann werden, wie sich von selbst versteht, die Kosten, die dieser neue erhöhte Etat veranlaßt, auf die Steuer geschlagen werden; und statt pro Bedienten 10 Tlr. und pro Pferd oder Hund 15 Tlr. oder 1 Tlr. werden Dieselben pro Bedienten vielleicht 12 Tlr. und pro Pferd oder Hund 16 Tlr. und 3 Tlr. zu bezahlen haben.

Der ich die Ehre habe zu sein

Dero *Anonymus*

Schreiben aus Berlin

Gestern früh um 4 Uhr wurde der Leichnam Ihrer Majestät dei verewigten Königin, ganz in der Stille, aus dem hiesigen Dom, wo derselbe bisher gestanden, in die, zu diesem Zweck erbaute, Kapelle nach Charlottenburg gebracht. Der Sarg, auf welchem sich, wie an dem Tage der feierlichen Beisetzung, die Krone befand, wurde, von einigen königlichen Hausoffizianten, durch eine Reihe von Gardedukorps, die in dem Dom aufgestellt war, auf den, vor dem Domportal haltenden und mit acht Pferden bespannten, Leichenwagen gebracht. Se. Exzellenz, der Herr Gouverneur, Graf v. Kalkreuth, die Kammerherren Ihrer Majestät der verewigten Königin, und einige andere Herren, waren bei dieser Feierlichkeit gegenwärtig. Von hier aus ging der Zug, in einer finsteren, und gegen das Ende regnichten Nacht, unter Bedeckung einer Kompanie königlicher Fußgarde, durch die Linden, für deren Erleuchtung von neuem, auf beiden Seiten, gesorgt worden war, nach dem Brandenburger Tor; mehrere königliche Stallbediente mit Fackeln ritten nebenher. Der Zug kam, bei Anbruch des Tages, in Charlottenburg an, wo die hohe Leiche beigesetzt wurde, und der Probst Herr Ribbeck, in Gegenwart Sr. Majestät des Königs, der mit den Prinzen, seinen erlauchten Söhnen, von Potsdam herübergekommen war, zur Einweihung der Ihrer Majestät der verewigten Königin zum Begräbnisort dienenden Kapelle, eine passende Rede hielt. Das Schauspiel war an diesem Tage in Berlin geschlossen, und der ganze Hof, so wie mehrere andere, denen das Andenken an die beste Landesmutter noch im Herzen lebte, gingen schwarz. – Dem Publiko werden, wie es heißt, Tage bestimmt werden, an welchen ihm erlaubt sein wird, jene, die teuren Reste der königlichen Frau enthaltende, Kapelle zu Charlottenburg zu besuchen.

Anfrage

Es ist unverkennbar, daß die französische Gemeinde hiesiger Residenz ein Geist der Frömmigkeit und der Gottesdienstlichkeit auszeichnet, den wir den deutschen Gemeinden wohl wünschen möchten. – Daher zeigt sich auch in den wohltätigen Anstalten der französischen Kolonie, und überhaupt in allen Gemeindeangelegenheiten, ein musterhafter Wetteifer der Größten und Geringsten für alles Fördernde und Gute. – Und so hat es nicht fehlen können, daß einerseits das Bedürfnis dieser Gemeinde nach ausgezeichneten Kanzelrednern immer befriedigt worden, und daß andrerseits viele und distinguierte Glieder der deutschen Gemeinden sich in Rücksicht auf den sonntäglichen Gottesdienst an die französische angeschlossen haben.

Bei dieser Gelegenheit möchten wir fragen, warum in den sonntäglichen Kirchenlisten im Berliner Intelligenzblatte, die in den französischen Kirchen Predigenden nicht mehr wie vormals angezeigt «werden, da doch in den Verzeichnissen der Aufgebotenen desselben Blattes die französischen Gemeinden nicht übergangen werden. Mehrere freiwillige Glieder dieser Gemeinde, die den Nachfolger des Herrn Staatsrat Ancillon, dieses vortrefflichen Kanzelredners, zu hören wünschten, haben nur mit Mühe erfahren können, daß er am ersten Weihnachtsfeiertage Vormittags in der Werderschen Kirche predigen wird.

Über die Aufhebung des laßbäuerlichen Verhältnisses

Wenn in dem Edikt vom 27. Okt. [1810] die Aufhebung des laßbäuerlichen Verhältnisses angedeutet, und demjenigen Teil der Untertanen, der sich bisher keines Eigentums seiner Besitzungen erfreute, die Erteilung desselben angekündigt wird; so folgt, trotz der augenscheinlichen Wohltätigkeit dieser Maßregel und der heilsamen Wirkungen, die sich davon ohne Zweifel für jede Art ländlicher Industrie ergeben werden, doch nicht, daß dieselbe plötzlich und mit *einem* Schlage werde ins Leben gerufen werden.

Jede Beschränkung der Freiheit hat die notwendige Folge, daß der Beschränkte dadurch in eine Art von Unmündigkeit tritt. Wer seine Kräfte nicht gebrauchen darf, verliert das Vermögen, sie zu gebrauchen, und zwar, wenn es geistige Kräfte sind, noch rascher und sicherer, als wenn die Beschränkung sich auf bloß körperliche Kräfte erstreckt. Wenn nun die Schranken, die diese Kräfte hemmten, niederfallen: entsteht dadurch auch plötzlich wiederum, wie durch den Schlag einer Zauberrute, das Talent, davon die zweckmäßigste Anwendung zu machen; Keineswegs! Vielmehr durch die lange Dauer einer solchen Beschränkung kann der Mensch so zurückkommen, daß er gänzlich die Fähigkeit dazu einbüßt, und sich durch Aufhebung des Zwanges weit unglücklicher fühlt, als durch den Zwang selbst. Auch der Leibeigene wird ohne Zweifel anfangs stutzen, wenn er nicht, wie bisher, zur Zeit der Not, bei seinem

Herrn Unterstützung findet, und, wenn er dienstfrei wird, die Zeit, welche er bisher im Frondienst beschäftigt war, nun zur Erwerbung seines eignen Unterhalts anwenden soll. Kurz, wird ein Mensch, dem so lange der Gebrauch gewisser Kräfte untersagt war, in deren freien Gebrauch wieder eingesetzt, so muß er erst lernen, von dieser Freiheit Gebrauch zu machen, so wie ein Blindgeborner, der durch die wohltätige Hand des Arztes sein Gesicht wieder erhielt, allmählich sehen lernen muß.

Diese Betrachtungen sind ohne Zweifel von der Regierung in Erwägung gezogen worden und wir führen sie hier nur an, um der Ungeduld derjenigen zu begegnen, welche die Publikation der Edikte über diesen Gegenstand nicht erwarten können.

[Über die Finanzmaßregelung der Regierung]

Mein teurer Freund!

Aus der Kabinettsorder Sr. Majestät des Königs vom 28. Dezember v. J. haben Sie ersehen, daß, gegen die, zur Tilgung der Nationalschuld ergriffenen Maßregeln, eine ehrfurchtsvolle aber eindringliche Vorstellung, von Seiten der Stände des Stolpischen Kreises, eingegangen ist. Über den Inhalt jener Vorstellung gibt das königliche Schreiben keine weitere Auskunft; inzwischen wollen Sie aus guter Quelle wissen, daß der besagte Kreis darin über die indirekte Form der Besteurung geklagt habe; die Last der damit verbundenen Kontrollen legt er auseinander, und bringt am Schluß auf unerwartete Weise den Gedanken zur Sprache, lieber die ganze Quote der Kontribution, die auf seinen Teil fällt, bar innerhalb des Raums von sechs Monaten entrichten zu wollen. Wenn nun, fragen Sie, anzunehmen wäre, daß auch bei dem übrigen Teil der Stände, zur Erhaltung der alten Ordnung der Dinge, dieser Entschluß zur Reife gelangen könnte: warum griff die Regierung nicht sogleich, ohne irgend die Grundlage der Verfassung anzurühren, zu einem Mittel, das mit einem Mal den ganzen gordischen Knoten der Staatsaufgabe, auf die es ankommt, löst?

Ihnen zu Gefallen will ich einmal in die Meinung, als ob eine direkte Besteurung des Landes, behufs einer Abtragung der Nationalschuld, beides, ausführbar und zweckmäßig, wäre, eingehen. Ich will vergessen, daß in der Verfassung, so wie sie seit Friedrich dem Ersten bestand, mancherlei vorhanden war, das, auf ganz augenscheinliche Weise, einer Ausbesserung oder eines Umbaus bedurfte; ich will annehmen, daß die Tilgung der Nationalschuld der einzige und letzte Zweck aller Verordnungen gewesen wäre, die seit dem 27. Okt. v.J. im Umfange der Monarchie erschienen sind.

Fern sei von mir, zur Einleitung in das, was ich Ihnen zu sagen habe, in die auf allen Lippen ertönende Klage, über Mangel an Gemeingeist und Patriotismus einzustimmen! In einem Augenblick, wie der jetzige ist, scheint es mir doppelt unschicklich, diese Untugend der Zeit, wenn sie vorhanden sein sollte, anders anzuklagen, als durch die bessere Tat. Wer Vergangenheit und Zukunft ins Auge faßt, der ist mit der Gegenwart, als dem Mittelglied derselben, ausgesöhnt; und wenn ein beträchtlicher Zeitraum von Jahren verflossen ist, ohne daß die Kraft der Hingebung und Aufopferung für das Gemeinwesen wäre erprobt und geübt worden, so ist dies nur ein Grund mehr für mich, zu glauben, daß wir dem Zeitpunkt ganz nahe sind, wo ihm die größesten und herrlichsten Opfer, würdig der schönsten Beispiele der Vorzeit, werden gebracht werden.

Aber gesetzt, die Regierung hätte, Ihrem Vorschlage gemäß, ohne die Form der Verfassung, wie es geschehen ist, anzurühren, die Summe der Nationalschuld direkt, sei es nun unter der Form einer Anleihe oder einer Kontribution, von dem Lande eingefordert: mit welchem Geiste, meinen Sie, würde diese Anforderung wohl, bei der Erschütterung alles innerlichen Wohlstandes, von dem Lande aufgenommen worden sein; Würde man sich zu einer Kraftäußerung so außerordentlicher Art, schon vor acht Wochen, als man das Drückende, das in der Alternative lag, nicht kannte, so schlagfertig und bereitwillig gezeigt haben; *Hatten* die Stände, möcht ich fragen, damals diese Kraft schon, und ging nicht (ich berufe mich auf Sie selbst) von Mund zu Mund, auf nichts gestützt und doch nichtsdestoweniger allgemein, die Behauptung, daß die Kontribution die Kräfte des Landes bei weitem übersteige?

Wie nun, wenn der Gedanke, diese Kraft in dem Schoß der Nation zu erwecken und zu reifen, mit in die Waageschale gefallen wäre; Wenn man die Reaktion, die gegen den Inbegriff der erlassenen Verordnungen, auf ganz notwendige Weise, eintreten mußte, gar wohl berechnet hätte, und nicht sowohl der Buchstabe derselben, als vielmehr der Geist, den sie, infolge jener natürlichen Reaktion, annehmen würden, die Absicht und der Zweck der Regierung gewesen wäre? –

Boerhaave erzählt von einem Holländer, der paralytisch war, daß er, seit mehreren Jahren schon, nicht die Kräfte gehabt habe, die Türe seines Zimmers zu öffnen. Als aber zufällig Feuer in dem Zimmer entstand: hatte er die Kraft, ohne auch nur die Klinke oder den Schlüssel zu versuchen, die Türe, auf den ersten Anstoß, einzusprengen: er befand sich, ohne daß er angeben konnte, woher ihm das Vermögen dazu gekommen war, auf der offenen Straße, und war gerettet.

Der Himmel bewahre mich davor, der Regierung bei so viel preiswürdigen und gesegneten Schritten, die sie zum Aufbau einer besseren Zukunft tat, nichts als eine Absicht dieser sekundären Art unterzulegen; es gilt hoffentlich ganz andre Dinge, als die bloße Tilgung einer, momentan auf uns lastenden, Kriegsschuld, und ich gehe hier bloß in eine Ansicht der Dinge ein, die Sie mir in Ihrem Briefe aufgestellt haben. Aber Ihr Urteil, mein teurer Freund, möcht ich Sie, wenn es sein kann, bewegen, vor der Vollendung des Werks, von dem uns einige Grundlinien vor Augen gelegt worden sind, gefangen zu nehmen – möchte Ihr Vertrauen schärfen zu einer Regierung, die es lebhaft, wie je eine, verdient, und, in einer so verhängnisvollen Zeit, wie die jetzige, mehr als irgend eine andere, falls die Wolken, die uns umringen, zerstreut werden sollen, in ihren Maßregeln, groß und klein, die sie zu ergreifen für gut befindet, bedarf. Leben Sie wohl!

xy.

Kalenderbetrachtung

den 10. März 1811

Im vorigen Jahre waren keine sichtbaren Sonnen- oder Mondfinsternisse; also seit ungewöhnlich langer Zeit die erste fällt auf den Geburtstag unsrer unvergeßlichen Königin. Der Mond, der an diesem Tage das Zeichen der Jungfrau verläßt, wird in der sechsten

Morgenstunde (die auch ihre Todesstunde war) verfinstert, und geht in der Verfinsterung unter. – Übrigens ist es Sonntag.

Theater

[I]

Den 2. Oktober [1810]: Ton des Tages, Lustspiel von Voß

Kant sagt irgendwo, in seiner Kritik der Urteilskraft, daß der menschliche Verstand und die Hand des Menschen, zwei, auf notwendiger Weise, zu einander gehörige und auf einander berechnete, Dinge sind. Der Verstand, meint er, bedürfe, falls er in Wirksamkeit treten solle, ein Werkzeug von so mannigfaltiger und vielseitiger Vollkommenheit, als die Hand; und hinwiederum zeige die Struktur der Hand an, daß die Intelligenz, die dieselbe regiere, der menschliche Verstand sein müsse. Die Wahrheit dieses, dem Anschein nach paradoxen Satzes, leuchtet uns nie mehr ein, als wenn wir Herrn Iffland auf der Bühne sehen. Er drückt in der Tat, auf die erstaunenswürdigste Art, fast alle Zustände und innerliche Bewegungen des Gemüts damit aus. Nicht, als ob, bei seinen theatralischen Darstellungen, nicht seine Figur überhaupt, nach den Forderungen seiner Kunst, zweckmäßig mitwirkte: in diesem Fall würde das, was wir hier vorgebracht haben, ein Tadel sein. Es wird ihm, in der Pantomimik überhaupt, besonders in den bürgerlichen Stücken, nicht leicht ein Schauspieler heutiger Zeit gleichkommen. Aber von allen seinen Gliedern, behaupten wir, wirkt, in der Regel, keins, zum Ausdruck eines Affekts, so geschäftig mit, als die Hand; sie zieht die Aufmerksamkeit fast von seinem so ausdrucksvollen Gesicht ab: und so vortrefflich dies Spiel an und für sich auch sein mag, so glauben wir doch, daß ein Gebrauch, mäßiger und minder verschwenderisch, als der, den er davon macht, seinem Spiel (*wenn* dasselbe noch etwas zu wünschen übrig läßt) vorteilhaft sein würde.

xy.

28

[2]

Gestern zum ersten Male: Der Sohn durchs Ungefähr; Posse in zwei Akten

»C'est im rien« würden die Franzosen von dieser Posse sagen; und wir glauben sogar, daß man dem Stückchen nicht zu viel täte, wenn man die fremde Redensart wörtlich übersetzte und (freilich etwas härter) von ihm sagte: Es ist ein Nichts. Aber auch ein solches Nichts, als vorübergehende Erscheinung, darf, da wir nur eine Bühne haben, keinesweges verdrängt von ihr werden, und das Publikum bleibt der Direktion für Kleinigkeiten der Art, sollten sie auch nur wenige Male wiederholt werden, für jetzt noch immer Dank schuldig. Wem mit Variationen auf das beliebte »Rochus Pumpernickel« mit etwas »Je toller je besser« vermischt, gedient ist; der gehe und höre und sehe den Sohn durchs Ungefähr mit seinen beiden unüberschwenglichen Redensarten, die durch das ganze Stück wie zwei gewaltige Grundtöne durchgehen, nämlich Nr. 1: *Stellen Sie sich vor!* und Nr. 2: *Daran ist gar nicht zu zweifeln!* – Die nähere Beschreibung des Stücks; was alles drin vorkommt, wann der erste Akt aufhört und wann der zweite anfängt, wird wahrscheinlich in den nächsten Blättern unsrer Zeitungen zu lesen sein. *Daran ist gar nicht zu zweifeln.* Wir aber wollen von dieser kleinen Wenigkeit nur noch sagen, daß sie mit mehr Präzision und ineinander greifender gegeben wurde, als manch vorzügliches Lust- oder Trauerspiel auf unsrer Bühne. *Stellen Sie sich vor!* Was die Schauspieler im einzelnen betrifft, so zeigten sich Herr Wurm und Herr Gern d. S. als echte Komiker; Herr Stich wird in seinem Fache mit jedem Tage sicherer und gewandter; Herr Kaselitz und Herr Labes spielten wie gewöhnlich, Herr Berger lobenswert-moderat. Mad. Fleck war recht hübsch; auch Madame Vanini hat mitgespielt.

[3]

Eine hiesige Künstlerin, die sehr geschätzt wird, soll, wie man sagt, eben darum das Theater verlassen. Das Nähere hierüber in einem zukünftigen Blatt.

[4]

Unmaßgebliche Bemerkung

Wenn man fragt, warum die Werke Goethes so selten auf der Bühne gegeben werden, so ist die Antwort gemeinhin, daß diese Stücke, so vortrefflich sie auch sein mögen, der Kasse nur, nach einer häufig wiederholten Erfahrung, von unbedeutendem Vorteil sind. Nun geht zwar, ich gestehe es, eine Theaterdirektion, die, bei der Auswahl ihrer Stücke, auf nichts, als das Mittel sieht, wie sie besteht, auf gar einfachem und natürlichem Wege, zu dem Ziel, der Nation ein gutes Theater zustande zu bringen. Denn so wie, nach Adam Smith, der Bäcker, ohne weitere chemische Einsicht in die Ursachen, schließen kann, daß seine Semmel gut sei, wenn sie fleißig gekauft wird: so kann die Direktion, ohne sich im mindesten mit der Kritik zu befassen, auf ganz unfehlbare Weise, schließen, daß sie gute Stücke auf die Bühne bringt, wenn Logen und Bänke immer, bei ihren Darstellungen, von Menschen wacker erfüllt sind. Aber dieser Grundsatz ist nur wahr, wo das Gewerbe frei, und eine uneingeschränkte Konkurrenz der Bühnen eröffnet ist. In einer Stadt, in welcher mehrere Theater nebeneinander bestehn, wird allerdings, sobald auf irgend einem derselben, durch das einseitige Bestreben, Geld in die Kasse zu locken, das Schauspiel entarten sollte, die Betriebsamkeit eines andern Theaterunternehmers, unterstützt von dem Kunstsinn des besseren Teils der Nation, auf den Einfall geraten, die Gattung, in ihrer ursprünglichen Reinheit, wieder festzuhalten. Wo aber das Theater ein ausschließendes Privilegium hat, da könnte uns, durch die Anwendung eines solchen Grundsatzes, das Schauspiel ganz und gar abhanden kommen. Eine Direktion, die einer solchen Anstalt vorsteht, hat eine Verpflichtung sich mit der Kritik zu befassen, und bedarf wegen ihres natürlichen Hanges, der Menge zu schmeicheln, schlechthin einer höhern Aufsicht des Staats. Und in der Tat, wenn auf einem Theater, wie das Berliner, mit Vernachlässigung aller anderen Rücksichten, das höchste Gesetz, die Füllung der Kasse wäre: so wäre die Szene unmittelbar, den spanischen Reutern, Taschenspielern und Faxenmachern einzuräumen: ein Spektakel, bei welchem die Kasse, ohne Zweifel, bei weitem erwünschtere Rechnung finden wird, als bei den Goethischen Stücken. Parodieen hat man schon, vor einiger Zeit, auf der Bühne gesehen; und wenn ein hinreichender Aufwand von Witz, an welchem es diesen Produkten zum Glück gänzlich gebrach, an ihre Erfindung gesetzt worden wäre, so würde es, bei der Frivolität der Gemüter, ein Leichtes gewesen sein, das Drama vermittelst ihrer, ganz und gar zu verdrängen. Ja, gesetzt, die Direktion käme auf den Einfall, die Goethischen Stücke so zu geben, daß die Männer die Weiber- und die Weiber die Männerrollen spielten: falls irgend auf Kostüme und zweckmäßige Karikatur einige Sorgfalt verwendet ist, so wette ich, man schlägt sich an der Kasse um die Billetts, das Stück muß drei Wochen hintereinander wiederholt werden, und die Direktion ist mit einemmal wieder solvent. – Welches Erinnerungen sind, wert, wie uns dünkt, daß man sie beherzige.

H. v. K.

[5]

Stadtneuigkeiten

Es ist hier von neuem und sehr allgemein das Gespräch, von einer nahe bevorstehenden totalen Reform unsers Theaters – Italienische Oper (seria und buffa) sollen wieder eingerichtet, und für Deutsches und Italienisches Theater neue, tüchtige Subjekte gesucht werden. – Die Königl. Kapelle, an ihrer Spitze der verdiente Meister, Herr Righini, soll wieder in Aktivität kommen. – Gewiß ist, daß die berühmte Mamsell Schmalz mit 3200 Tlr. jährlichen Gehalt, vermutlich für beide Bühnen, hier bei uns engagiert ist. Man erwartet im Laufe des Winters Mamsell Fischer und im April Mamsell Milder aus Wien, beide Sängerinnen und sehr rühmlich bekannt. –

[6]

Schreiben aus Berlin

Den 28. Oktober [1810]

Die Oper Cendrillon, welche sich Madam Bethmann zum Benefiz gewählt hat, und Herr Herklots bereits, zu diesem Zweck, übersetzt, soll, wie man sagt, der zum Grunde liegenden, französischen Musik wegen, welche ein dreisilbiges Wort erfordert, *Ascherlich, Ascherling* oder *Ascherlein* usw., nicht *Aschenbrödel*, genannt werden. Brodel, von Brod oder, altdeutsch, Brühe (brode im Französischen), heißt eine mit Fett und Schmutz bedeckte Frau; eine Bedeutung, in der sich das Wort, durch eben das, in Rede stehende, Märchen, in welchem es, mit dem Mutwillen freundlicher Ironie, einem zarten und lieben Kinde von überaus schimmernder Reinheit an Leib und Seele, gegeben wird, allgemein beim Volk erhalten hat. Warum, ehe man diesem Märchen dergestalt, durch Unterschiebung eines, an sich gut gewählten, aber gleichwohl willkürlichen und bedeutungslosen Namens, an das Leben greift, zieht man nicht lieber, der Musik zu Gefallen, das »del« in »d'l« zusammen, oder elidiert das d ganz und gar? Ein österreichischer Dichter würde ohne Zweifel keinen Anstand nehmen, zu sagen: *Aschenbröd'l* oder *Aschenbröl*.

Ascherlich oder Aschenbröd'l selbst, wird Mademoiselle Maas, Madam Bethmann, wie es heißt, die Rolle einer der eifersüchtigen Schwestern übernehmen. Mademoiselle Maas ist ohne Zweifel durch mehr, als die bloße Jugend, zu dieser Rolle berufen; von Madam Bethmann aber sollte es uns leid tun, wenn sie glauben sollte, daß sie, ihres Alters wegen, davon ausgeschlossen wäre. Diese Resignation käme (wir meinen, wenn nicht den größesten, doch den verständigsten Teil des Publikums, auf unserer Seite zu haben) noch um viele Jahre zu früh. Es ist, mit dem Spiel dieser Künstlerin, wie mit dem Gesang manchen alten Musikmeisters am Fortepiano. Er hat eine, von manchen Seiten mangelhafte, Stimme und kann sich, was den Vortrag betrifft, mit keinem jungen, rüstigen Sänger messen. Gleichwohl, durch den Verstand und die ungemein zarte Empfindung, mit welcher er zu Werke geht, führt er, alle Verletzungen vermeidend, die Einbildung, in einzelnen Momenten, auf so richtige Wege, daß jeder sich mit Leichtigkeit das Fehlende ergänzt, und ein in der Tat höheres Vergnügen genießt, als ihm eine bessere Stimme, aber von einem geringern Genius regiert, gewährt haben würde. – Madam Bethmanns größester Ruhm, meinen wir, nimmt allererst, wenn sie sich anders auf ihre Kräfte versteht, in einigen Jahren (in dem Alter, wo andere ihn verlieren) seinen Anfang.

y.

[7]

Hr. Kapellmeister Reichardt wird, im Laufe dieses Winters, die Oper: der Taucher (der bekannte, alte, sizilianische Stoff), von Hr.

Bürde bearbeitet, auf die Bühne bringen. Das Publikum von Berlin, das diesen Gegenstand schon, aus der Ballade von Schiller kennt, ist mit Recht auf diese poetische Erscheinung begierig.

[8]

Von einem Kinde, das kindlicher Weise ein anderes Kind umbringt

»In einer Stadt Franecker genannt, gelegen in Westfriesland, da ist es geschehen, daß junge Kinder, fünf-, sechsjährige, Mägdlein und Knaben, mit einander spielten. Und sie ordneten ein Büblein an, das solle der Metzger sein, ein anderes Büblein, das solle Koch sein, und ein drittes Büblein, das solle eine Sau sein. Ein Mägdlein, ordneten sie, solle Köchin sein, wieder ein anderes, das solle Unterköchin sein; und die Unterköchin solle in einem Geschirrlein das Blut von der Sau empfahen, daß man Würste könne machen. Der Metzger geriet nun verabredetermaßen an das Büblein, das die Sau sollte sein, riß es nieder und schnitt ihm mit einem Messerlein die Gurgel auf; und die Unterköchin empfing das Blut in ihrem Geschirrlein. Ein Ratsherr, der von ungefähr vorübergeht, sieht dies Elend; er nimmt von Stund an den Metzger mit sich, und führt ihn in des Obersten Haus, welcher sogleich den ganzen Rat versammeln ließ. Sie saßen all über diesen Handel, und wußten nicht, wie sie ihm tun sollten, denn sie sahen wohl, daß es kindlicher Weise geschehen war. Einer unter ihnen, ein alter weiser Mann, gab den Rat, der oberste Richter solle einen schönen, roten Apfel in die eine Hand nehmen, in die andere einen rheinischen Gulden, solle das Kind zu sich rufen, und beide Hände gleich gegen dasselbe ausstrecken; nehme es den Apfel, so solle es ledig erkannt werden, nehme es aber den Gulden, so solle man es auch töten. Dem wird gefolgt; das Kind aber ergreift den Apfel lachend, wird also aller Strafe ledig erkannt.«

[Wickram. Rollwagenbüchlein]

Diese rührende Geschichte aus einem alten Buche gewinnt ein neues Interesse durch das letzte kleine Trauerspiel Werners, *Der vierundzwanzigste Februar* genannt, welches in Weimar und Lauchstädt schon oft mit einem so lebhaften Anteil gesehen worden ist, als vielleicht kein Werk eines modernen Dichters. Das unselige Mordmesser, welches in jener Tragödie der unruhige Dolch des Schicksals ist (vielleicht derselbe, den Macbeth vor sich her zur Schlafkammer des Königs gehen sieht), ist dasselbe Messer, womit der eine Knabe den andern getötet, und er empfängt in jener Tat seine erste blutige Weihe. Wir wissen nicht, ob Werner die obige Geschichte ganz gekannt oder erzählt hat, denn jenes trefflichste und darstellbarste Werk Werners, zu dem nur drei Personen, Vater und Mutter und Sohn, nur eine doppelte durchgeschlagene Schweizer Bauerstube, ein Schrank, ein Messer und etwas Schnee, den der Winter gewiß bald bringen wird, die nötigen Requisite sind, ist auf unsrer Bühne noch nicht aufgeführt worden. Gleichwohl besitzen wir mehr, als die Weimaraner, um es zu geben, einen Iffland, eine Bethmann und Schauspieler, um den Sohn darzustellen, im Überfluß. Möge diese kleine Mitteilung den Sinn und den guten Willen dazu anregen.

[9]

Theaterneuigkeit

Das Singspiel: *Die Schweizerfamilie*, vom Herrn Kapellmeister Weigl, das in Wien, Stuttgart, München, Frankfurt usw. mit lebhaftem fast ausschweifendem Beifall aufgeführt worden ist, wird nun auch auf dem hiesigen Königl. Nationaltheater einstudiert. Die Direktion verdient dafür den lebhaftesten Dank; wir zweifeln, daß im Fach des Gefälligen und Anmutigen etwas Vorzüglicheres geleistet worden ist. Wie nun die Rolle der *Emeline* (von welcher, als der Hauptfigur, das ganze Glück dieses Stückes abhängt) besetzt werden wird, und ob sie der Mademoiselle Schmalz, wegen des Umfangs und der Gediegenheit ihrer Stimme – wegen Übung und Gewandtheit im Spiel der Madam Müller, oder wegen der glücklichen Verbindung beider der Madam Eunicke (welches wohl das Zweckmäßigste wäre) zufallen wird, steht dahin; in Wien ist sie der Mademoiselle Milder übertragen, eine der tüchtigsten, von Seiten der musikalischen sowohl als mimischen Kunst, trefflichsten Schauspielerinnen, die Deutschland in diesem Augenblicke besitzt.

[10]

Aufforderung

Die Expedition der Vossischen Zeitung (s. 135. Stück derselben) hat die, in französischen und [süddeutschen] Blättern, verbreitete Beschuldigung, daß die Theaterkritiker, die in ihren Blättern auftreten, von der Direktion des Königl. Nationaltheaters, mit Geld und Freibillets, bestochen wären, widerlegt und erklärt: *sie* habe für die Hrn. Rezensenten niemals etwas von der Direktion empfangen. Diese Erklärung ist von dem Publikum mit großem Vergnügen gelesen worden; und um ein Gerücht so häßlicher Art gänzlich niederzuschlagen, bleibt nichts übrig, als daß die Hrn. Rezensenten, von welchen diese Kritiken herrühren, eine ähnliche Erklärung von sich geben. Da sich die Sache ohne Zweifel so, wie jedermann, zur Ehre der Nation, wünscht, verhält, und das Theater, mancher Schwächen ungeachtet, Seiten genug, die zu ehren und zu schätzen sind, darbietet: so sieht das Publikum, zur gänzlichen Vernichtung dieser skandalösen Anekdote, mit welcher ganz Europa unterhalten worden ist, mit Ungeduld einer Erklärung dieser Art, von Seiten der Hrn. Rezensenten selbst, entgegen.

zr

[11]

Folgender Brief *eines redlichen Berliners, das hiesige Theater betreffend, an einen Freund im Ausland,* ist uns von unbekannter Hand zugesandt worden. Wir haben, in diesen Blättern, so manchen Beweis von Unparteilichkeit gegeben; dergestalt, daß wir, der gegen uns gerichteten Persönlichkeiten, die darin befindlich sind, ungeachtet, keinen Anstand nehmen, ihn dem Publiko vorzulegen.

(Die Redaktion)

Schreiben eines redlichen Berliners, das hiesige Theater betreffend, an einen Freund im Ausland

Der Herr Theaterdirektor Iffland, hat nach dem Geständnis eines großen Teils von Berlin, seit er an der Spitze des hiesigen Theaters steht, die Gestalt und das Ansehn desselben, auf eine merkwürdige und außerordentliche, jedem Freunde der Kunst gewiß höchst überraschende Art, umgewandelt und bestimmt; und wenn wir ihn, wie uns die Würde und der Glanz seiner äußern Lage hoffen läßt, länger und unausgesetzt, in unserer Mitte behalten, so steht zu erwarten, daß er dem Theater (was ihm, zu besitzen, das erste Bedürfnis ist), vielleicht auf eine unwandelbare und nicht wieder zu verwischende Art, einprägen werde: nämlich, einen Charakter. Zwar sind nicht alle Kunstfreunde, und besonders nicht die, die aus der neuesten Schule hervorgegangen sind, mit den Grundsätzen, nach denen er verfährt, einverstanden; aber diejenigen, *die* er sich aufgestellt hat, verfolgt er mit Energie, Sicherheit, unerschütterlicher Konsequenz: Eigenschaften, die selbst fehlerhafte Maßregeln, heilsamer und ersprießlicher machen können, als gute, wenn dieselben ihnen fehlen.

Die Hauptursache, wodurch wir dies erreicht, liegt in dem glücklichen Verhältnis, in welchem wir seit mehreren Jahren schon, mit der Kritik stehen; mit der Kritik, dieser unschätzbaren und unzertrennlich schwesterlichen Begleiterin jedes Theaters dem es darum zu tun ist, der Vollendung, auf dem kürzesten und raschesten Wege, entgegenzuschreiten. Männer, von eben soviel Einsicht als Unparteilichkeit, haben in den öffentlichen, vom Staat anerkannten Blättern, das Geschäft permanenter Theaterkritiken übernommen; und nur die schändlichste Verleumdung hat Gefälligkeiten, die die Direktion, vielleicht aus persönlicher Freundschaft, für sie tat, die Wendung geben können, als ob sie dadurch bestochen wären. Gleichheit, Übereinstimmung und innerliche Kongruenz der Ansichten, im Fache der Kunst, bestimmen dieselben, mit ganz uneigennützigem Eifer, durch Belehrung und Würdigung dessen, was sich auf der Bühne zeigt, in die Zwecke der Direktion einzugreifen; und wenn ein pekuniäres Interesse (was zu leugnen gar keine Ursache ist) bei dem Geschäft dem sie sich unterzogen haben, zum Grunde liegt, so ist es kein anderes, als das, was jedem Schriftsteller, der Manuskripte an seinen Buchhändler abliefert, statuiert ist. Demnach haben wir, seit mehreren Jahren schon, die glückliche, allerdings den Neid der Übelgesinnten reizende, Erscheinung, daß dasjenige Organ, welches das größeste Publikum hat, auf Seiten des Theaters ist; dergestalt daß eine Stimme, die ihre Rezensionen durchkreuzte und das Publikum irre zu führen bestimmt wäre, sich nur in untergeordnete und obskure Blätter verlieren und aus diesen in die fremden, ausländischen aufgenommen werden kann; und auch für die Unschädlichkeit solcher Intrigen ist, auf mancherlei Weise, bei uns gesorgt.

Und in der Tat, wenn eine Direktion das Feld der Kritik so erschöpft hat, als man es von derjenigen deren wir uns jetzt erfreun, voraussetzen kann: wozu, kann man fragen, das Räsonnieren und Rezensieren, das doch niemals aus dem Standpunkt geschieht, der einmal, auf unabänderliche Weise, nach einer bestimmten Wahl des Besseren, angenommen ist, wozu, fragen wir, dergleichen, als nur die Eintracht, die zwischen Publikum und Direktion herrschen soll, zu stören, das Publikum gegen das Verfahren, das dieselbe beobachtet, argwöhnisch und mißtrauisch zu machen, und demnach den ganzen Kunstgenuß, die Totalität der Wirkungen, ästhetischer sowohl als moralischer und philanthropischer, die die Direktion beabsichtigt, auf die unzweckmäßigste und widerwärtigste Weise, zunichte zu machen?

Exzentrische Köpfe, Kraftgenies und poetische Revolutionärs aller Art machen sich, wir wissen es gar wohl, in witzigen und unwitzigen Äußerungen, über diese sogenannte »Theaterheiligkeit« und den neuesten »Theaterpapst« sehr lustig; sie führen an, selbst die Kirche habe dulden müssen, daß man die Fackel der Untersuchung in ihr Allerheiligstes hineintrage; doch weit entfernt, uns durch Persiflagen dieser Art, deren unreine Quelle nur zu sehr am Tage liegt, irre machen zu lassen, so soll dies nur ein Grund mehr sein, die Tür unseres kleinen freundlichen Tempels (soviel es sein kann) vor ihrer unberufenen, zudringlichen und leichtfertigen Fackel zu verschließen. Zu einer Zeit, dünkt uns, da alles wankt, ist es um so nötiger, daß irgend etwas fest stehe: und wenn es der Kirche, nach der sublimen Divination dieser Herren, (welches Gott verhüten wolle!) bestimmt wäre, im Strom der Zeiten unterzugehen, so wüßten wir nicht, was geschickter wäre, an ihre Stelle gesetzt zu werden, als ein Nationaltheater, ein Institut, dem das Geschäft der Nationalbildung und Entwickelung und Entfaltung aller ihrer höhern und niedern Anlagen, Eigentümlichkeiten und Tugenden, vorzugsweise vor allen andern Anstalten, übertragen ist.

Berlin, den 20. Nov. 1810

μη

N. S. Gestern sahen wir hier *Pachter Feldkümmel*; in kurzem werden wir wieder *Vetter Kuckuck* und vielleicht auch *Rochus Pumpernickel* sehn.

[12]

Theater

Gestern sollte die *Schweizerfamilie*, vom Hrn. Kapellm. Weigl, wiederholt werden. Ein heftiges und ziemlich allgemeines Klatschen aber, bei der Erscheinung der Mslle. Herbst, welches durch den Umstand, daß man, bevor sie noch einen Laut von sich gegeben hatte, da capo rief, sehr zweideutig ward – machte das Herablassen der Gardine notwendig; Hr. Berger erschien und erklärte, daß man ein anderes Stück aufführen würde.

Ob nun dem Publiko (wenn anders ein Teil desselben so heißen kann) das Stück mißfiel; ob es mit der Mslle. Herbst, für welche die Rolle der Emeline nicht ganz geeignet schien, unzufrieden war; oder welch eine andre Ursach, bei diesen Bewegungen, zum Grunde liegen mochte – lassen wir dahin gestellt sein. Das Angenehme der Musik war, wie man hört, bei der ersten Darstellung, ziemlich allgemein empfunden worden; und auch Mslle. Herbst hatte die Aufgabe mit mehr Geschicklichkeit gelöst, als man, nach den Bedingungen ihrer musikalischen und mimischen Natur, hätte erwarten sollen.

Übrigens ward das Publikum, durch die Aufführung der beiden Stücke: Die *Geschwister* von Goethe und des Singspiels *Der Schatzgräber*, gut genug entschädigt. In dem ersten hat Mslle. Schönfeld recht wacker, und Hr. Gern, in dem andern, wie gewöhnlich, als Meister gespielt.

rz.

Literatur

[1]

Die Miszellen der neuesten Weltkunde vom 3. Oktober (ein *auswärtiges*, in der Schweiz erscheinendes Blatt) enthalten eine Rechtfertigung des glorreichen Andenkens König Friedrich Wilhelms II. von Preußen gegen die Angriffe der topographischen Chronik von *Breslau*.

[2]

Das Gesicht Karls XI. Königs von Schweden

In Hamburg erscheint seit dem 1. Julius des laufenden Jahres eine Zeitschrift: *Vaterländisches Museum*, die bei der tüchtigen Denkungsart und dem edlen Gemeinsinn ihres Unternehmers und Verlegers, des Herrn Perthes, das Interesse von ganz Deutschland zu erregen nicht ermangeln wird. Wir teilen aus einem darin enthaltenen Briefe über Gripsholm, das folgende Aktenstück mit, welches seit langer Zeit in Schweden zirkuliert und bei den neuerlichen Ereignissen vielfältige Beziehungen erlitten hat. Der hier dargestellte Vorfall erzählt sich auch schon längst in Deutschland, jedoch mannigfaltig entstellt, so daß unsre Leser ihn gern berichtigt sehn werden.

[3]

Hr. P. Schmid, aus Stettin, der Maler des trefflichen Viehstücks nach Potter, das kürzlich zur Ausstellung gebracht worden ist, auch als Schriftsteller (Anleitung zur Zeichenkunst, Leipzig, bei Feind, 1809) rühmlich bekannt, befindet sich, seit einiger Zeit, in Berlin.

[4]

Nach Briefen aus Paris hat Frau von Staël unmittelbar nach der Konfiskation ihres Werks binnen zweimal 24 Stunden Frankreich verlassen müssen. Sie ist mit Herrn Aug. Wilh. Schlegel, von Chaumont, wo sie sich aufhielt, nach der Schweiz zurückgegangen.

Herausforderung Karls IX. Königs von Schweden an Christian IV. König
von Dänemark

Die Allgemeine Moden-Zeitung, welche sich vorteilhaft, vor ähnlichen Instituten dieser Art, auszeichnet, liefert ein paar interessante Aktenstücke aus dem 17. Jahrhundert, in welchen zwei europäische Potentaten einander herausfordern. Da diese Zeitung nicht in jedermanns Händen ist, so wollen wir die besagten Aktenstücke unsern Lesern hier mitteilen.

[6]

Im Großherzogtum Baden sowie im Großherzogtum Frankfurt hören alle bisher bestandenen politischen Zeitungen auf, und es tritt an ihre Stelle ein einziges, vom Ministerium der auswärtigen Verhältnisse besorgtes, Blatt.

[7]

Korrespondenz und Notizen

Von dem Werk der Frau von Staël, *Lettres sur l'Allemagne,* das nun, nach den öffentlichen Blättern, dem Herrn Esmenard, zu Besorgung der nötigen Veränderungen und Auslassungen, übergeben worden ist, wird es interessant sein, einige authentische Nachrichten mitzuteilen. Die Verfasserin, welche, wie bekannt, mehrere Jahre in Deutschland zubrachte, bemüht sich darin, auf eine ebenso eindringende als beredte Art, das Streben des deutschen Geistes dem Auslande bekannt zu machen. Der Gesichtspunkt ist ein allgemein europäischer; gleichwohl erstreckt sich die Betrachtung auch, soviel es der große Umfang des Gegenstandes verstattet, ins einzelne. Der erste Teil handelt von den Sitten, dem Charakter und dem geselligen Leben der Deutschen; der zweite von der Literatur und vom Theater; der dritte von der Philosophie, Naturwissenschaft, Moral und Religion. Jedes Talent vom ersten Range, aus der Vergangenheit sowohl als Gegenwart, wird darin gewürdigt, die Richtung, welche Wissenschaft, Kunst und bürgerliches Leben davon empfangen haben mögen, angegeben, alles Gute und Vortreffliche, das in der Anlage der Nation vorhanden sein mag, mit einsichtsvollem Wohlwollen, beschrieben und hervorgehoben. An vergleichenden Blicken auf andre Nationen fehlt es nicht, aber man begreift leicht, daß die Verfasserin, welche selbst die eigentümlichen Vorzüge des französischen Geistes, schnelle Gegenwart, Klarheit und Gewandtheit, in einem so hohen Grade besitzt, nicht ungerecht dagegen wird gewesen sein. Meisterhaft ist der Gang der englischen und französischen Philosophie von Bacon an bis auf die Enzyklopädisten verzeichnet. Die Verfasserin stellt ihnen die deutschen Schulen, Leibniz, Kant und unsere neueren Denker, als Gegensatz gegenüber und bemüht sich, die ganze Wichtigkeit des dadurch bewirkten Umschwungs der Gedanken zur Anschauung zu bringen.

[8]

Ein weitläuftiges Fragment einer Übersetzung vom Tode Abels, von Geßner, steht im Moniteur; durch Hrn. Lablée, von der Akademie zu Lyon.

[9]

Literarische Notiz

Schon früher ist in diesen Blättern von dem, seit dem 1. Juli d. J. bei Herrn Perthes in Hamburg erscheinenden, *Vaterländischen Museum* die Rede gewesen. Das soeben erschienene 5. Heft dieser vortrefflichen Zeitschrift enthält unter andern höchst merkwürdigen Aufsätzen eine von Herrn Hofsekretär Friedrich Schlegel in Wien abgehaltene Vorlesung über die Natur und die Folgen der Kreuzzüge, die wir unsern Lesern nicht genug empfehlen können. - Überhaupt verdient diese liberale, wir möchten sagen, großmütige Unternehmung, bei der, wie es die Natur der Sache zeigt, keine Art gemeiner Spekulation obgewaltet hat, die Unterstützung aller Gutgesinnten. Die alte Richtung des deutschen Sinnes nach Gründlichkeit des Denkens und Forschens, findet sich in dieser Zeitschrift wieder, und alle bedeutende Köpfe unsrer Nation werden sich anschließen. So sehr dieses Vaterländische Museum einerseits strebt die äußeren Verhältnisse von Deutschland, wie es sich gebührt, unberührt zu lassen, so wird sie doch andrerseits alle inneren Staatsangelegenheiten, Finanzen, Polizei, Gesetzgebung, öffentliche Erziehung und Kultus, einer ernsten Betrachtung unterziehn, und jedermann wird einer unbefangenen Erörterung dessen was in den verschiedenen deutschen Staaten in jenen großen Rücksichten verändert oder verbessert worden, mit großem Interesse entgegensehn.

[10]

Der Herausgeber der Schweizerischen Nachrichten ist wegen Einrückung eines Artikels von Belenz, den Kanton Tessin betreffend (der ihm untersagt war), in Gefangenschaft gesetzt worden.

(Schw. Nachr.)

[11]

Über eine wesentliche Verbesserung der Klaviatur der Tasteninstrumente

Des Journals für Kunst, Kunstsachen, Künsteleien und Moden 2. Jahrgang, 1. Band, enthält unter mehreren andern interessanten Aufsätzen, eine Anzeige über eine veränderte Einrichtung der Klaviatur der Tasteninstrumente, von einem der scharfsinnigsten Mathematiker jetziger Zeit, Herrn Dr. K. Chr. F. Krause in Dresden. Da diese Erfindung ohne Zweifel, wegen ihrer in die Augen fallenden Zweckmäßigkeit, einen Abschnitt, sowohl in der Klavierspiel- als Klavierbaukunst, bilden wird: so wollen wir nicht unterlassen, zu ihrer Verbreitung das, was in unserm Kreise liegt, hiermit beizutragen.

[12]

Warnung

Im Selbstverlage des ungenannten Verfassers (Letzte Straße Nr. 22) ist ein – wie der Titel besagt – »Allgemeines (Industrie-) Adreßbuch für Berlin auf d. J. 1811« erschienen. Gegen diese Einschaltung haben wir zu bemerken, eben daß die Hauptsache eingeschaltet sei, und nur ein: Industrie-, oder allenfalls: Allgem. Industrie-, keinesweges aber ein *Allgemeines Adreßbuch* hier zu suchen ist. Um so mehr haben wir die Anzeige desselben in Nr. 155 der Spenerschen Zeitung zu rügen, die das hier wesentliche: *Industrie* wegläßt, und ohne weiteres ein *Allgemeines Adreßbuch* ankündigt; wodurch man, wie dem Einsender begegnet ist –, verleitet werden könnte, einen unnützen Kauf zu machen, insofern man die Wohnungen der Königl. Offizianten und anderer öffentlichen Beamten, die ohne Zweifel in ein Allgemeines Adreßbuch gehören, zu erfahren beabsichtigte. – Hiermit haben wir das Verdienstliche der Unternehmung eines bloßen Industrie-Adreßbuches anerkennen, das Zweckmäßige der Einrichtung und den Wert der Ausführung des Vorliegenden dahin gestellt sein lassen, und nur gegen die Industrie dieses Industrie-Adreßbuches warnen wollen.

[13]

Literatur

Das soeben erschienene *Halle und Jerusalem*, Studentenspiel und Pilgerabenteuer von *L. A. v. Arnim*, wird in der Folge dieser Blätter zugleich mit dem Roman desselben Dichters: Armut, Reichtum, Schuld und Buße der Gräfin Dolores, einer näheren Betrachtung unterzogen werden. Vorläufig begnügen wir uns, auf die großartige und durchaus eigentümliche Natur jenes dramatischen Gedichtes aufmerksam zu machen. Erfüllt wie wir von dem ersten Eindruck sind, fehlt uns noch der Maßstab des Urteils, der unter den übrigen Alltäglichkeiten der dermaligen deutschen Poesie leicht abhanden kommt.

Wenn hier oder dort uns eine Wendung des wunderbaren Gedichtes befremdete, so sind wir doch nicht Barbaren genug, um irgend eine angewöhnte, unserm Ohr längst eingesungene poetische Weise für die Regel alles Gesanges zu halten. Der Dichter hat mehr auszusprechen, als das besondere uns in engen Schulen anempfundene Gute und Schöne. Alles Vortreffliche führt etwas Befremdendes mit sich, am meisten in Zeiten, wo die Wunder der Poesie der großen Mehrzahl der Menschen auf Erden fremd geworden sind.

rs.

[14]

Frau v. Helvig, geborne v. Imhoff, gegenwärtig in Heidelberg le-
bend, will ihren Schwestern von Lesbos ein anderes Werk unter
dem Titel: *die Schwestern von Chios* an die Seite stellen.

[15]

Einleitung

Die herrliche Darstellung, welche Frau Professor Schütz auch in
ihre, an Freunde während ihrer Reisen gerichtete, Briefe zu legen
weiß, bewegt den Besitzer, einen derselben, seines allgemein interessanten Inhaltes wegen, mit Weglassung aller Privatangelegenhei-
ten, in diesen Blättern öffentlich mitzuteilen. Das Schöne, in welcher
Form es auch hervortritt, darf nicht gänzlich verborgen bleiben; und
die treffliche Künstlerin selbst wird in dieser Bekanntmachung ihres
Schreibens, nicht ohne Beifall, das Bestreben eines Freundes anerkennen, ihren Wert auch als sinnige Beobachterin geltend zu machen, welche die seltne Gabe zugleich besitzt, mit der Feder dasjenige lebendig darzustellen, was sie gesehen, gedacht und empfunden; so wie sie das Gleiche auf der höchsten Stufe der dramatischen
Mimik, und der mimischen Plastik längst geleistet hat.

Tagesbegebenheiten

[1]

Extrablatt zum ersten Berliner Abendblatt

Durch den Königl. Präsidenten der Polizei, Herrn *Gruner*, der jedes Unternehmen gemeinnütziger Art mit so vieler Güte und Be-
reitwilligkeit unterstützt, sind wir in den Stand gesetzt, in solchen
Extrablättern, als hier das erste erscheint, über alles, was innerhalb
der Stadt, und deren Gebiet, in polizeilicher Hinsicht, Merkwürdi-
ges und Interessantes vorfällt, ungesäumten, ausführlichen und
glaubwürdigen Bericht abzustatten: dergestalt, daß die Reihe dieser,
dem Hauptblatt beigefügten Blätter, deren Inhalt wir auch mit sta-
tistischen Nachrichten aus den Provinzen zu bereichern hoffen dür-

fen, eine fortlaufende Chronik, nicht nur der Stadt Berlin, sondern des gesamten Königreichs Preußen, bilden werden.

[2]

Folgende Extrakte aus den Polizeirapporten sind uns bis heute 10 Uhr zugekommen.

Rapport vom 28. September

Am 27. in der Nacht ist der Krug in Steglitz mit allen Nebengebäuden abgebrannt, und zugleich ein mit Zucker beladener Frachtwagen nebst 4 Pferden.

Rapport vom 28. September

Am 28. abends ist das alte hölzerne Wohnhaus des Zimmergesellen Grassow in der Dresdner Straße Nr. 93 abgebrannt.

Rapport vom 30. September

Gestern abend sind im Dorfe Alt-Schönberg 3 Bauerhöfe mit sämtlichen Nebengebäuden abgebrannt. Das Feuer ist in der Scheune des Schulzen Willmann ausgekommen, und zu gleicher Zeit ist ein ziemlich entfernter, gegenüber stehender Rüsternbaum in Brand geraten, welches die Vermutung begründet, daß das Feuer angelegt ist.

Rapport vom 1. Oktober

In dieser Nacht ist das Haus des Bäckermeister Lamprecht in der neuen Königsstraße Nr. 71 abgebrannt. Das Haus war sehr baufällig, und die Entstehungsart ist noch nicht ausgemittelt. Auch außerhalb Berlin, angeblich in Friedrichsfelde, ist in dieser Nacht Feuer gewesen.

In Lichtenberg brennt in diesem Augenblick (10 Uhr morgens) ein Bauerhof. Die Entstehungsart ist noch unbekannt, und sind alle Vorkehrungen gegen die weitere Verbreitung getroffen.

Auch sind in dieser Nacht von den Stadttürmen 3 Brände in verschiedenen Gegenden, jedoch außerhalb des Berlinischen Polizeibezirks, entdeckt worden.

Zu bemerken ist, daß bei einem, in Schönberg verhafteten Vagabonden gestohlne Sachen gefunden worden sind, welche dem abgebrannten Schulzen Willmann in Schönberg und dem abgebrannten Krüger in Steglitz gehören. Dieses gibt Hoffnung, den Brandstiftern auf die Spur zu kommen, deren Dasein die häufigen Feuersbrünste wahrscheinlich machen. (Sobald die Redaktion, durch die Gefälligkeit der hohen Polizeibehörde, von diesem glücklichen Ereignis unterrichtet sein wird, wird sie dem Publiko, zu seiner Beruhigung, davon Nachricht geben.)

[3]

Polizeirapport vom 2. Oktober

Der nach dem gestrigen Rapport in Lichtenberg entstandene Brand, hat damit geendiget, daß die beiden dem Kaufmann Sandow zugehörigen Wohngebäude nebst Scheune und Stall, in die Asche gelegt sind. Die Flamme hat sich zuerst morgens gegen 8 Uhr in der Scheune – angeblich an 2 entgegen gesetzten Ecken zugleich – gezeigt, welches auf eine vorsätzliche Brandstiftung hindeuten würde.

Daß wirklich Bösewichter vorhanden sind, die auf vorsätzliche Brandstiftungen ausgehen, zeigt deutlich ein, gestern vom Regiments-Chirurgus *Löffler*, auf der Straße gefundener, und vom Geheimen Rat *von Kummer* der Polizei übergebener alter baumwollener Handschuh. Dieser war mit einer Menge Holzkohlen, Feuerschwamm, Papier und einem Präparat von Kohlenstaub und Spiritus gefüllt, welches schon, bei Annäherung der Flamme, Feuer fing; und lag dicht an einer Haustür, welche an einem Keller grenzt, bei dem sich das Laboratorium des Apotheker Kunde an der Junker- und Lindenstraßen-Ecke befindet; so daß der beabsichtigte Brand sehr gefährlich werden konnte.

(Die Fortsetzung folgt.)

[4]

Polizeirapport vom 3. Oktober

Der Schreiber Seidler, Friedrichsstraße Nr. 56, hat gestern in der letzten Straße einen sogenannten Brandbrief gefunden, nach dessen

Inhalt Berlin binnen wenigen Tagen an 8 Ecken angezündet werden soll. Das Publikum braucht gleichwohl, bei der Wachsamkeit der obersten Polizeibehörde, keinen unzweckmäßigen Besorgnissen Raum zu geben ...

Gegen den, nach dem Rapport vom 1. dieses verhafteten Vagabonden wird die Untersuchung fortgesetzt, und dürfte ein für das Publikum beruhigendes Resultat geben. Er scheint danach wirklich bei den kürzlich so häufigen Feuersbrünsten tätig gewesen zu sein; jedoch sind die diesfälligen Unterhandlungen vor dem Schluß der Untersuchung nicht zur Publizität geeignet.

[5]

Wie grundlos oft das Publikum beunruhigt wird, beweist die, in der Stadt bereits bekannte Aussage eines kürzlich aufgefangenen Militärdeserteurs: »er sei auf eine Bande Mordbrenner gestoßen, welche ihm Anerbietungen gemacht, sich in ihr aufnehmen zu lassen« usw. Dieser Kerl hat, dem Vernehmen nach, nunmehr gestanden, daß dieser ganze Bericht eine Erfindung war, um sich dadurch Befreiung von der verwirkten Strafe zu verschaffen.

[6]

Die Polizeilichen Notizen, welche in den Abendblättern erscheinen, haben nicht bloß den Zweck, das Publikum zu unterhalten, und den natürlichen Wunsch, von den Tagesbegebenheiten authentisch unterrichtet zu werden, zu befriedigen. Der Zweck ist zugleich, die oft ganz entstellten Erzählungen über an sich gegründete Tatsachen und Ereignisse zu berichtigen, besonders aber das gutgesinnte Publikum aufzufordern, seine Bemühungen mit den Bemühungen der Polizei zu vereinigen, um gefährlichen Verbrechern auf die Spur zu kommen, und besorglichen Übeltaten vorzubeugen. Wenn z.&bsp;B. wie geschehen ist, bekannt gemacht wird, daß Brandbriefe und Brandmaterialien gefunden oder Verbrechen begangen worden, deren Urheber noch nicht entdeckt sind, so kann dabei nicht die Absicht sein, Besorgnisse bei dem Publiko zu erwecken, indem es sich auch ohne ausdrückliche Ermahnung von selbst versteht, daß von Seiten der Polizeibehörde alle Maßregeln ge-

nommen werden, sowohl das beabsichtigte Verbrechen zu verhüten, als den Urhebern auf die Spur zu kommen; sondern bloß das
Stadtgespräch zu berichtigen, welches aus einem solchen Brandbrief
deren hundert macht, und ängstliche Gemüter ohne Not mit Furcht
und Schrecken erfüllt. Zugleich wird aber auch jeder redliche Einwohner darin eine Aufforderung finden, seine Wachsamkeit auf die
Menschen und Ereignisse um ihn her zu verdoppeln, und alles was
zur Entdeckung des Verbrechers führen könnte, dem nächsten Poli-
zeioffizianten auf das schleunigste anzuzeigen, damit das Pol.-
Präsidium sogleich davon Nachricht erhalte, und seinen Maßregeln
zur Sicherung des Publici die Richtung geben könne.

[7]

Gerüchte

Ein Schulmeister soll den originellen Vorschlag gemacht haben,
den, wegen Mordbrennerei verhafteten Delinquenten Schwarz, der
sich, nach einem andern im Publiko kursierenden Gerücht, im Gefängnis erhenkt haben soll – zum Besten der in Schönberg und
Steglitz Abgebrannten, öffentlich für Geld sehen zu lassen.

[8]

Polizeiliche Tagesmitteilungen
Etwas über den Delinquenten Schwarz und die Mordbrennerbande

Die Verhaftung des in den Zeitungen vom 6. d. M. signalisierten
Delinquenten *Schwarz* (derselbe ungenannte Vagabonde, von dem
im 1. Stück dieser Blätter die Rede war) ist einem sehr unbedeutend
scheinenden Zufall zu verdanken.

Nachdem er sich bei dem Brande in Schönberg die Taschen mit
gestohlnem Gute gefüllt hatte, ging er sorglos, eine Pfeife in der
Hand haltend, durch das Potsdamsche Tor in die Stadt hinein. Zufällig war ein Soldat auf der Wache, welcher bei dem Krüger La Val
in Steglitz gearbeitet hatte, und die Pfeife des Schwarz als ein Eigen-
tum des La Val erkannte.

Dieser Umstand gab Veranlassung, den Schwarz anzuhalten, näher zu examinieren, und nach Schönberg zum Verhör zurückzufüh-

ren, wo sich denn mehrere, dem etc. La Val und dem Schulzen Willmann in Schönberg gehörige, Sachen bei ihm fanden.

Bei diesem ersten Verhöre in Schönberg standen, wie sich nachher ergeben hat, mehrere seiner Spießgesellen vor dem Fenster, und gaben ihm Winke und verabredete Zeichen, wie er sich zu benehmen habe. Dieses Verhör wurde während des ersten Tumults gehalten, wie der Brand noch nicht einmal völlig gelöscht war, und niemand konnte damals schon ahnden, mit welchem gefährlichen Verbrecher man zu tun habe.

Daß er zu einer völlig organisierten Räuberbande gehört, geht aus den bekannt gemachten Steckbriefen hervor. Diese Bande ist in der Kur- und Uckermark verbreitet, treibt ihr schändliches Gewerbe systematisch, und bedient sich der Brandstiftung als Mittel zum Stehlen, wenn andre Wege zu schwierig und gefahrvoll scheinen. Dem Schwarz selbst war besonders die Rolle zugeteilt, sich einige Tage vorher in dem zum Abbrennen bestimmten Hause einzuquartieren und die Gelegenheit zu erforschen. Dann gab er seinen Helfershelfern die nötigen Nachrichten, verabredete Zeit und Ort, setzte die Bewohner, sobald der Brand sich zeigte, durch lautes Geschrei in Verwirrung, und benutzte diese, unter dem Vorwande, hülfreiche Hand zu leisten, um alles ihm Anständige über die Seite zu schaffen. Diese Rolle hat er in Steglitz und in Schönberg mit Erfolg gespielt.

Daß diese Bande auch die gewaltsamsten Mittel nicht scheut, um ihre Zwecke zu erreichen, haben die unglücklichen Erfahrungen der letzten Zeit gelehrt. Aber es stehen ihr auch alle Arten des raffiniertesten Betruges zu Gebote, und das macht sie um so gefährlicher. Schon aus den Steckbriefen ergibt sich, daß jedes Mitglied unter mannigfachen Gestalten und Verkleidungen auftritt, mehrere Namen führt, und jede Rolle, welche die Umstände fordern, zu spielen vorbereitet ist. Auch auf Verfälschungen von Pässen, Dokumenten und Handschriften sind sie eingerichtet, und der sub 2 im Steckbrief bezeichnete *Grabowsky* versteht die Kunst, Petschafte zu verfertigen und nachzustechen.

(Künftig werden wir ein mehreres von dieser Rotte mitzuteilen Gelegenheit haben.)

Stadtgerücht

Die berüchtigte Louise, von der Mordbrennerbande, soll vorgestern unerkannt auf dem Posthause gewesen sein, und daselbst nach Briefen gefragt haben. Es ist nicht unmöglich, daß dieselbe sich noch in diesem Augenblick in der Stadt befindet.

[10]

Am 3. d. M. hat sich in Charlottenburg ein fremder Hund mit einem Stricke um den Hals eingefunden, und ist nachdem er sich mit mehrern Hunden gebissen hatte, und aus mehrern Häusern verjagt war, auf den Hof des Herrn Geh. Kommerz. Rat Pauli geraten. Daselbst wurde er von sämtlichen Hunden angefallen, und weil er sich mit ihnen herumbiß, so hielt man ihn für toll, erschoß ihn, und alle Paulische, von ihm gebissene Hunde, und begrub sie ehrlich. Dieses Faktum hat zu dem Gerücht Anlaß gegeben, daß in Charlottenburg ein toller Hund Menschen und Vieh gebissen habe. Menschen sind gar nicht gebissen, das Vieh aber, das er biß, ist teils getötet und begraben, teils in Observation gesetzt. Zudem da er sich gutwillig aus mehreren Häusern verjagen ließ, ist nur zu wahrscheinlich, daß der Hund gar nicht toll gewesen.

[11]

Druckfehler

In dem gestrigen Abendblatte ist aus einem Versehen die Rubrik: Polizeiliche Tagesmitteilungen *über* dem Artikel vom tollen Hunde in Charlottenburg gedruckt, anstatt *nach* diesem Artikel zu folgen; der Artikel ist keine Tagesmitteilung und seine Fassung beruht bloß auf der Redaktion.

[12]

In Wilmersdorf hat man, bei dem Brande, wiederum zwei verdächtige Menschen bemerkt, die sich gleich nachher entfernt haben.

Auch hat man neuerlich in der Hasenheide wieder zwei Pechku-
chen gefunden.

[13]

Ein französischer Kurier, der vergangenen Donnerstag in Berlin
angekommen, soll, dem Vernehmen nach dem Gerücht, als ob die
französischen Waffen in Portugal Nachteile erlitten hätten, wider-
sprochen, und im Gegenteil von Siegsnachrichten erzählt haben, die
bei seinem Abgang aus Paris in dieser Stadt angekommen wären.

[14]

Tagesereignis

Das Verbrechen des Ulanen *Hahn*, der heute hingerichtet ward,
bestand darin, daß er dem Wachtmeister *Pape*, der ihn, eines kleinen
Dienstversehens wegen, auf höheren Befehl, arretieren wollte, und
deshalb, von der Straße her, zurief, ihm in die Wache zu folgen,
indem er das Fenster, an dem er stand, zuwarf, antwortete: von
einem solchen Laffen ließe er sich nicht in Arrest bringen. Hierauf
verfügte der Wachtmeister Pape, um ihn mit Gewalt fortzuschaffen,
sich in das Zimmer desselben: stürzte aber, von einer Pistolenkugel
des Rasenden getroffen, sogleich tot zu Boden nieder. Ja, als auf den
Schuß, mehrere Soldaten seines Regiments herbeieilten, schien er
sie, mit den Waffen in der Hand, in Respekt halten zu wollen, und
jagte noch eine Kugel durch das Hirn des in seinem Blute schwim-
menden Wachtmeisters: ward aber gleichwohl, durch einige beherz-
te Kameraden, entwaffnet und ins Gefängnis gebracht. Se. Maj. der
König haben, wegen der Unzweideutigkeit des Rechtsfalls, befohlen, ungesäumt mit der Vollstreckung des, von den Militärgerichten
gefällten, Rechtsspruchs, der ihm das Rad zuerkannte, vorzugehen.

Miszellen

[1]

Unter einem Artikel: London, vom 9. Okt., wird in französischen Blättern dargetan, wie wenig selbst Siege die Sache der Engländer in Spanien fördern können.

[2]

Herr Damas, Leinewandfabrikant zu Charny, im Depart. der Seine und Marne, hat, ohne Glasfenster und Glocken, durch bloße zweckmäßige Bearbeitung des Bodens, in diesem Jahr, eine Ernte von 15 Pfd. Kaffee gemacht. Hr. Desfontaines, Maire von Thorigny, hat eine Probe davon an den Minister des Innern gesandt. Man hofft, vermittelst desselben den Mokkakaffee ganz entbehren zu können.

[3]

Korrespondenz und Notizen aus Paris

Moden. Den Sommer über trugen unsere Damen große Schleier, Roben mit langen Schleppen und große Schals. Diesen Herbst sieht man sie alle mit sehr kleinen Schals, kurzen Röcken und halben Schleiern. Kaschmirschals und Schleier von 100 Louisdor werden abgelegt und verkauft, um kleine Schal-Fichü, oder einen Diminutivschleier anzuschaffen. Von dem Kleide wird gar nicht viel Erwähnung getan; lang oder kurz, es gilt alles gleich, wenn es nur alle Tage ein neues ist. Zu dem Ende arrangiert sich eine Dame mit ihrer Nähterin; diese nimmt das Kleid von gestern zurück, und verkauft es einer andern, die es am dritten Tage wieder ebenso, gegen das Kleid einer vierten macht: dergestalt, daß eine Boutique de Modes eine Art von Gemeingut der Pariser Damen und der ganze Handel damit gewissermaßen ein Tauschverkehr (eine Leihanstalt) wird.

(Z. f. d. eleg. W.)

[4]

Das Journal de la Côte d'Or enthält Details über den Selbstmord jener beiden jungen Liebenden, die sich, wegen verweigerter Einwilligung ihrer Eltern, einander zu heiraten, im Gehölz zu Gilly, erschossen haben. Es ergibt sich daraus, daß der Gedanke dazu zuerst in dem Hirn des jungen Mädchens entsprang, und der junge Mann, ihr Liebhaber, lange Zeit diesen Entschluß in ihr zu bekämpfen suchte. Auch hat die gerichtliche Untersuchung, die über diesen sonderbaren Vorfall angestellt worden ist, mit ziemlicher Wahrscheinlichkeit erwiesen, daß das junge Mädchen die erste gewesen ist, die sich die Kugel durch das Hirn gejagt.

(Jour. d. Dam.)

[5]

Ein engl. Offizier, namens Edward, hat auf Van Diemens Land, wo er, zu seinem Vergnügen ans Land ging, eine französische Inschrift in einem Baum, und dicht dabei eine in die Erde gegrabene Flasche, mit mehreren versiegelten Briefschaften gefunden. Da die Adressen an französische Herren und Damen die unter der vormaligen Regierung bekannt waren, lauten, so glaubt man: La Peyrouse sei der Schreiber dieser Briefe, und Hr. Edward hat dieselben bereits, durch seinen Vater in London, zur Beförderung an ihre Adresse, dem Grafen Liverpool zustellen lassen.

(L. d. B.)

[6]

Aus Italien.

Zu Siena ist vor kurzen ein für die Literatur und Kunst gleich interessanter Fund gemacht worden. Hr. Antonio Piccolomini Bellanti nämlich, der sich längst mit Sammlung alter Medaillen und Malereien beschäftigte, hat das Bildnis der unsterblichen Laura, der Geliebten Petrarkas aufgefunden, welches, auf Verlangen dieses Dichters, sein Zeitgenosse, der Maler Simone di Memmo, malte. Es ist so schön erhalten, daß man davon auch nicht die geringsten Spuren seines Alters wahrnimmt. Die Arbeit selbst gehört zu den vortrefflichsten des berühmten Künstlers. Man erkennt Laura, ihr Alter, ihren Charakter, ihr Kostüm, ihren Schmuck, ganz wie der göttliche Sänger sie zu schildern pflegte.

(Misc. d. n. Weltk.)

[7]

Aus Kassel.

Die Aufführung der Oper Cendrillon lockte viel Neugierige herbei. Das Stück war in Paris 42 Mal hintereinander gegeben worden: und so glaubte man in Kassel an eine ähnliche Wirkung. Aber das deutsche Publikum scheint zu einer solchen Beständigkeit nicht geschickt: weder die Musik ist von ausgezeichnetem Gehalt, noch auch wird das Auge durch Dekorationen bestochen. Fast sollte man glauben, daß die Oper Cendrillon ihr ganzes Glück der Demoiselle Alexandrine St. Aubin verdankt, welche als Cendrillon alle Stimmen für sich gewann, und dem mittelmäßigen Stück einen rauschenden Beifall erwarb.

(Journ. d. L. u. d. Mod.)

[8]

Herr Robertson hat am 28. Okt. vor einer unzähligen Menge Volks, seine 37. Luftreise, im Baumgarten zu Bubenetsch bei Prag gehalten. Er erhob sich gegen Nordost, über den Moldaustrom hinweg, zu solcher Höhe, daß kein menschliches Auge imstande war, den Ballon am Horizont mehr wahrzunehmen, oder zuerkennen.

(Öster. Beob.)

[9]

Das Waschen durch Dämpfe

Herr Couraudeau hat in Nr. 97 der Annales des Arts et Manufactures 1809 eine neue Erfahrung bekannt gemacht, die ebensosehr die allgemeine Aufmerksamkeit verdient, als seine übrigen Erfindungen, besonders die der Sparöfen. Er hat nämlich Anleitung gegeben zu einem neuen Verfahren, die Wäsche durch Dämpfe zu reinigen. Die Wäsche wird nicht gebeucht, gerieben, gespült, sondern bloß über die kochende Beuche gelegt und von dem Dampfe derselben nach und nach durchdrungen, welcher, alle Unreinigkeiten mit sich führend, wieder in den Kessel zurückfällt. Das Verfahren wird fortgesetzt, bis alle Unreinigkeit aus der Wäsche gebracht ist; und da die Wäsche stets von dem Dampfe durchdrungen wird, der nichts von den unreinen Teilen, die sich in dem Wasser befinden, bei sich führt, so ist weiter kein Nachspülen nötig, sondern die auf diese Art völlig gereinigte Wäsche wird bloß zum Trocknen aufgehängt.

Couraudeau erspart durch sein Verfahren zwei Dritteile der Zeit, ein Dritteil Arbeitslohn und zwei Dritteile der Seife; er gibt der Wäsche eine größere Weiße, als sie durch die gewöhnliche Art des Waschens erhält, und sie wird nicht im geringsten abgenutzt. Übrigens wird jeder, der dieses Verfahren, das durch vorstehende Angaben hinlänglich erklärt wird, nachahmen will, die dazu nötigen Vorrichtungen leicht selbst nach seinen Bedürfnissen und seinen Hülfsmitteln erfinden können.

Übersetzungen aus dem Französischen

Brief der Gräfin Piper, an eine Freundin in Deutschland

In dem Oktoberheft des Journals: Die Zeiten, von Voß, sind drei Briefe der Gräfin Piper, Schwester des unglücklichen Reichsmarschalls, Grafen von Fersen, nebst einer Abschrift des Verhörs, das über sie, auf der Festung Waxholm, angestellt worden ist, zur Wissenschaft des Publikums gebracht worden. Da die grimmige Selbstrache, die sich das Volk an diesem, unglücklichen Herrn erlaubt hat, nach den, darüber stattgehabten Untersuchungen, von allem Rechtsgrund entblößt ist, so glauben wir dem menschenfreundlichen Zweck, welcher der Verbreitung dieser Briefe zum Grunde lag, entgegen zu kommen, wenn wir eine Übersetzung des zweiten,[1] nebst dem Verhör, das ihm beigefügt ist, mitteilen.

(Die Redaktion)

Festung Waxholm in Schweden, den 10. Aug. 1810

Erst jetzt, meine teure und liebe Freundin, kann ich meine Geister in dem Maße sammeln, als es nötig ist, um Ihnen zu schreiben, und noch werden meine Gedanken verworren und zerrissen sein, unter der Einwirkung des Schreckens und des Entsetzens, in welchem meine Seele befangen ist. Gleichwohl, so schwer es mir wird, so bin ich es der standhaften Freundschaft, die Sie mir bewiesen haben, schuldig, Ihnen einige Zeilen zu schreiben; es ist gut und zweckmäßig, zur Wissenschaft aller Männer von Ehre zu bringen, wie weit die Verwegenheit der abscheulichsten Lüge, und der Grimm ihrer entsetzlichen Verfolgungen geht. Seit jenes, gegen Gustav IV. ausgeübten Gewaltschrittes, waren die Gemüter überhaupt zur Rebellion geneigt: der Keim der Empörung bildete sich und gärte in ihrem Inneren. Bediente und Lakaien hatten geheime Zusammenkünfte; Brandbriefe gegen ihre Herrn und gegen die Männer in Amt und Würden, gingen, in Stockholm sowohl als in der Provinz, von Hand zu Hand, und verrieten nur zu deutlich die allgemeine Gärung. Darauf kömmt der Kronprinz an: sein Anblick gefällt, er weiß

---

[1] Die Briefe sowohl, als das Verhör, sind in franz. Sprache abgefaßt.

sich geliebt zu machen. Und in der Tat hatte er die angenehmsten und schätzenswürdigsten Eigenschaften; tapfer als Soldat, einfach und edelmütig in seinen Sitten, voll von Güte und Herablassung für alle Stände, schickte er sich in jeder Rücksicht für dies Land; er ward nach seinem vollen Verdienst darin gewürdigt. Diese Liebe zu ihm beschwichtigte oder schien wenigstens die Gemüter zu beschwichtigen; das Glück Schwedens schimmerte von neuem empor, und bei der milden und gerechten Denkungsart dieses Herrn, hoffte jeder auf eine glückliche Regierung. Sein Tod, ach! war das Zeichen des Hineinbrechens aller Übel über Schweden. Die Unzufriedenen, die nichts als eine Gelegenheit wünschten, um die Revolution zu beginnen, ergriffen diesen Augenblick, um zu ihrem Zweck zu gelangen. Überall streute man Gerüchte aus, des Prinzen Tod sei kein natürlicher, das Gift habe seinem Leben ein Ende gemacht; unsere Familie sei der Urheber dieses Verbrechens, noch mehrere große Familien seien darin verwickelt, mein Bruder aber und ich vorzüglich die Anstifter desselben. Wir waren, leider! mein Bruder und ich, die letzten, die von diesen abscheulichen Stadtgesprächen unterrichtet wurden; wir wußten nichts von den Verleumdungen, die in öffentlichen Blättern gegen uns im Umlauf waren; im Schoß eines reinen Gewissens und der Unschuld unsrer Herzen lebten wir in völliger Ruhe und Sicherheit. Es schien uns unmöglich, daß eine tadellose Aufführung seit den Tagen unserer frühesten Jugend, daß ein gänzliches Hingeben, als Staatsmann sowohl als Bürger, an die geheiligten Grundsätze der Ehre meinem (jetzt so schwer verkannten) Bruder nicht den Schutz der öffentlichen Sicherheit und Gerechtigkeit verbürgen sollten. Wir glaubten, er sowohl als ich, diese Gerüchte hätten keine andre Quelle, als die Verhetzungen einzelner Übelgesinnter, und könnten, von allen Belegen entblößt, vernünftiger Weise keinen Eindruck machen. Erst 6 Tage vor dem schrecklichen 20. erfuhren wir die, gegen uns im Volk umlaufenden, Schmähungen; und auch selbst dann noch konnten wir uns nicht entschließen, eine bedeutende Rücksicht darauf zu nehmen. Überdies, wenn man sechs und fünfzig tadellos durchlebte Jahre hinter sich hat, so glaubt man nicht, so unerhört verkannt zu sein. Indem ich mich nun völlig auf das Herz meines Bruders, auf seine Tugenden und seinen offenen und trefflichen Charakter stützte, war ich seinethalben ohne die mindeste Besorgnis. Der Edelmut und die Gerechtigkeit der schwedischen Nation war auch zu bekannt, als daß es nur von fern möglich geschienen hätte, die schwärzeste Verleumdung könne diesen Charakter in der Schnelligkeit eines Augenblicks umwandeln. So tremiten wir uns nun den 20. morgens um 9 Uhr, in der Sorglosigkeit eines ganz ungestörten Gewissens. Der Königl. Hof ging, wie Sie wissen, dem Leichenzug des Kronprinzen entgegen. Aber Sie kennen besser, als ich, die entsetzlichen Umstände, die diesen Vorfall – niemals hatte ich die Kraft sie anzuhören. – – Um 3 Uhr kam man, und sagte mir, daß dieser teure Bruder, tot, ein Opfer der Volkswut – – – Mein Zustand, bei dieser Nachricht, erlaubte mir nie, das Ausführliche darüber – Ich weiß nur, daß einige Offiziere von der Garde, an der Spitze einer starken Wache, mein Haus vor der Zerstörung und Plünderung sicherten, und mein unglückliches, dem Tode gleichfalls geweihtes, Leben retteten. Ich beschwor sie, die Papiere meines Bruders und die meinigen, unter Siegel zu legen. – So verstrich der Tag, für mich und meine im siebenten Monat schwangern Tochter. Inzwischen zeigten mir zwei bewährte Freunde meines Bruders an, daß für mich keine Sicherheit mehr in diesem Hause sei und daß ich es noch vor der Nacht verlassen müßte. Demnach entschloß ich mich, um 9 Uhr abends, mit Gefahr meines Lebens zu diesem Schritt; man hüllte mich in die Kleider einer Dienstmagd, und da ich nicht aus dem Lande fliehen wollte, so erteilte man mir, auf meine Bitte, einen Befehl für den Kommandanten der hiesigen Festung, um mich dahin zu retten, und von hier aus meine und die Unschuld meines unglücklichen Bruders, an den Tag zu legen. Bis 7 Uhr morgens war ich in einem entsetzlichen Regen und Wind auf dem Meere; erst nach 36 Stunden war es mir vergönnt, meine ganz durchnäßten Kleider zu wechseln. Hier endlich fand ich Teilnahme und Wohlwollen bei dem Kommandanten und seinen Offizieren; ihre Behandlung war voll von Achtung und Menschlichkeit, und mein erster Schritt war sogleich, mich wegen meines unglücklichen Bruders und meiner, an die öffentliche Gerechtigkeit zu wenden. O meine teure Freundin! Ich habe nur die Hälfte meiner Leiden erzählt! Wie schrecklich war dieser einsame Aufenthalt meinem traurigen Herzen. Ich habe einen Monat ganz allein mit meinem Kammermädchen zugebracht, die sich, am Morgen nach meiner Ankunft, hier bei mir eingefunden hat: weder meine Kinder, noch sonst irgend jemand sah ich; ich habe selbst gefordert, daß man mich mit Briefen bis zu meinem Verhör verschonen möchte. – Übrigens, teure Freundin, bin ich, wie schon bemerkt, weder Gefangene, noch so behandelt, und es steht jedermann frei, mir zu schreiben. Ich bekomme in diesem Augenblick Ihr kleines Billet, und die Teilnahme, die Sie mir darin zu erkennen geben, rührt mich. Sehr schwach bin ich und krank am Fieber – ich habe ganz allein und ohne Hülfe meine Verteidigungsschrift aufgesetzt, meine Sache spricht für sich selbst; doch fühle ich mich sehr ermüdet davon. Ach! Mein Leben ist durch die Rückerinnerung an das Schicksal meines lieben Bruders verbittert! –

Hier schicke ich Ihnen die Abschrift meines schrecklichen und unglaublichen Verhörs; es ist von mir ins Französische übersetzt worden. Ich hatte das Fieber und lag im Bett; der Kriegsrat, der mich verhörte, saß im Kreise um mein Bett herum. –

Adieu! Den Ort, wohin ich mich wenden werde, weiß ich noch nicht; aber Sie sollen darüber Auskunft von mir erhalten.

Verhör der Gräfin Piper

Gehalten vor einem Kriegsgericht in der Festung Waxholm den 3. August 1810

Frage 1. Da das Verhör und die Untersuchungen, welche statthaben werden, im Verfolg auf das eigne Begehren der Frau Gräfin von Piper, stattfinden, so ist vorauszusetzen, daß dieselbe von dem Verdacht, der auf sie gefallen ist, Kenntnis habe. Demnach bin ich beauftragt, die Frau Gräfin zu fragen, was sie darauf zu entgegnen hat, und ob sie eröffnen kann, aus welcher Quelle ein Verdacht dieser Art, seinen Ursprung nehmen mag?

Antwort. Ich habe nichts zu sagen, außer dies, daß die Gerüchte, in bezug auf mich, gänzlich ohne Grund sind.

Frage 2. Kennt die Frau Gräfin die Ursachen, die zu dem Verdacht gegen Sr. Exzellenz den Herrn Reichsmarschall Veranlassung gegeben haben?

Antwort. Dieser Verdacht ist auf gleiche Weise, völlig nichtig und grundlos.

Frage 3. Weiß die Frau Gräfin irgend etwas das über die traurige Veranlassung, die diesen gerichtlichen Untersuchungen zum Grunde liegt, Licht verbreiten mag?

Antwort. Nicht das mindeste.

Frage 4. Wann hat die Frau Gräfin die Ehre gehabt, Sr. Königl. Hoheit den Kronprinzen zum ersten Male zu sehn?

Antwort. An der Abendtafel Ihrer Majestät der Königin, ohngefähr 14 Tage nach der Ankunft Sr. Hoheit in Stockholm.

Frage 5. War Sr. Exzellenz der Herr Reichsmarschall gegenwärtig bei dieser Gelegenheit?

Antwort. Ja.

Frage 6. Hat Sr. Hoheit der Kronprinz jemals in dem Hause Fersen, oder abgesondert bei Sr. Exzellenz dem Herrn Reichsmarschall einen Besuch abgestattet?

Antwort. Niemals.

Frage 7. Wann und wo hat die Frau Gräfin seit jenem Abendessen die Ehre gehabt, Sr. Königl. Hoheit wieder zu sehen?

Antwort. Ebenfalls wieder nur bei einigen Abendessen an Ihrer Majestät, der Königin, Tafel.

Frage 8. Hatte Sr. Hoheit vielleicht bei solchen Gelegenheiten, die Gewohnheit sich an die Tafel, und die Frau Gräfin die Ehre, sich an die Seite desselben zu setzen?

Antwort. Sr. Hoheit setzten sich niemals bei Gelegenheiten dieser Art zur Tafel nieder; sie zogen sich ohne Ausnahme jedesmal sobald gedeckt war, in ihre Behausung zurück.

Frage 9. Ohne Zweifel haben sich Höchstdieselben bei einer dieser Gelegenheiten, mit der Frau Gräfin unterhalten, und das Gespräch wird sich vielleicht in die Länge gezogen haben?

Antwort. Einmal, als ich die Ehre hatte, Sr. Hoheit vorgestellt zu werden, ohngefähr 14 Tage nach ihrer Ankunft in Stockholm. Die Unterhaltung dauerte ohngefähr zwei Minuten.

Frage 10. Was war der Gegenstand der Unterhaltung? War er von der Art, daß er Streit und Empfindlichkeit, auf einer oder der andern Seite, veranlaßte?

Antwort. Keinesweges. Sr. Hoheit hatten bloß die Gnade mir zu sagen, daß sie mich im Theater, hinter dem Gitter einer Loge gesehen, und daß sie von meinem krankhaften Zustand, der mich verhinderte, den Hoffesten beizuwohnen, unterrichtet wären.

Frage 11. Hat die Frau Gräfin niemals irgend eine Abneigung gegen Sr. Hoheit empfunden, und war dieselbe in seiner Person, in seinen Eigenschaften, oder sonst in irgend etwas, das ihn persönlich angeht, gegründet;

Antwort. Niemals.

Frage 12. Hat die Frau Gräfin niemals ein Gefühl dieser Art bei Sr. Exzellenz, dem Herrn Reichsmarschall, bemerkt?

Antwort. Niemals.

Frage 13. Hat jemals ein Vorfall stattgefunden, von welchem, nach der Einsicht der Frau Gräfin, vielleicht das Publikum einen Grund hat hernehmen können, zu glauben, daß zwischen Sr. Hoheit und der Frau Gräfin oder Sr. Exzellenz dem Herrn Reichsmarschall ein Mißverständnis vorhanden gewesen?

Antwort. Keinesweges.

Frage 14. Hat die Frau Gräfin oder der Herr Reichsmarschall je, durch eine Äußerung dem Publiko Veranlassung gegeben, zu glauben, daß dieselben die Hochachtung und das Wohlwollen, das Sr. Hoheit sich im ganzen Lande erworben hatten, nicht teilten?

Antwort. Niemals! Keine Äußerungen sind über unsere Lippen gekommen, als solche, die mit der allgemeinen Meinung über seine höchste Person übereinstimmten.

Frage 15. Gab es vielleicht Zusammenkünfte, die das Publikum glauben machen konnten, daß eine Verschwörung gegen das Leben Sr. Hoheit im Werke sei?

Antwort. Davon weiß ich nichts.

Frage 16. Hat die Frau Gräfin Kenntnis genommen von dem, im Publiko verbreiteten Gerücht, daß ein Anschlag, Sr. Königl. Hoheit

Gift, in Kaffee, Pasteten, in der Suppe, oder im Tee, beizubringen, entworfen worden sei?

Antwort. Davon bin ich, durch das Gespräch der Stadt unterrichtet worden.

Frage 17. Bei der entsetzlichen Behandlung, die Sr. Exzellenz dem Herrn Reichsmarschall widerfahren ist, kann es der Frau Gräfin nicht verschwiegen geblieben sein, welche Meinung über den plötzlichen Tod Sr. Königl. Hoheit, im Publiko im Umlauf ist. Die Frau Gräfin weiß besser, als ich es ausdrücken kann, daß vor den Augen Gottes auch die geheimsten Dinge entfaltet sind. Ich bin beauftragt, dieselbe zu beschwören, bei Gott und ihrem Gewissen anzugeben, ob sie von irgend einem, sei es auch noch so geringen, Umstand Kenntnis hat, der Licht über den unbegreiflichen Tod Sr. Königl. Hoheit werfen kann.

Antwort. Ich kann nichts angeben, was darüber Licht verbreiten kann, denn ich bin, wie schon gesagt, ohne alle Kenntnis über dessen Ursach.

Über den Zustand der Schwarzen in Amerika

In dem Werk: A voyage to the Demerary, containing a Statistical account of the settlements there, and of those of the Essequebo, the Berbice and other contiguous rivers of Guyana, by Henri Bolingbroke, London, 1810, sind merkwürdige Nachrichten über den Zustand und die Behandlung der dortigen Neger enthalten.

»Während meines Aufenthalts zu Demerary«, sagt der Verfasser, »hatte ich Gelegenheit, mehrere Mal die Eigentümer der reichen Zuckerplantagen zu Reynestein zu besuchen. So oft ich dies tat, benutzte ich dieselbe, mich von dem Zustande und der Arbeit, welche den Negern, in diesen weitläuftigen Pflanzungen auferlegt ist, zu unterrichten. Von England hatte ich den Wahn mitgebracht, die Neger wären dergestalt gegen ihre Herren erbittert, daß diese schlechthin kein Zutrauen gegen sie hätten; das Leben eines Weißen glaubte ich einer ununterbrochenen Gefahr ausgesetzt und meinte, die Häuser der Europäer wären, aus Furcht und Besorgnis, lauter kleine Zitadellen. Wie groß war mein Erstaunen, zu finden, daß die

Schwarzen zu Demerary selbst die Behüter ihrer Herren und ihres Eigentums sind!

Ich bemerkte, am Abend meiner Ankunft, mehrere große Feuer, welche auf manchen Punkten der Pflanzung, auf die Art, wie man einander Signale zu geben pflegt, angezündet waren. Auf meine betroffene Frage an den Holländer, der mich empfangen hatte: was dies zu bedeuten habe? antwortete er mir: daß dies eben soviel Negerposten wären, welche ausgestellt wären und sich ablösten, um, während der Nacht, die Diebstähle zu verhüten. Ich hörte sie, bis zum Anbruch des Tages, Patrouillen machen, und sich eine Art von Parole zurufen, wie in einem Lager (All's well!). Infolge dieser Maßregel stehen, während der Nacht, alle Türen der Häuser offen, ohne daß sich der mindeste Diebstahl ereignete.

Ich habe mehrere amerikanische Inseln, als Grenada, St. Christoph etc. besucht, und überall den Zustand der Neger nicht nur erträglich, sondern sogar so angenehm gefunden, als es, unter solchen Umständen, nur immer möglich ist.

Die Neger begeben sich, in der Regel, ein wenig vor Aufgang der Sonne, an ihre Arbeit; man gibt ihnen eine halbe Stunde zum Frühstücken und zwei Stunden zum Mittagsessen. Sie sind nicht träge bei der Arbeit, aber ungeschickt; und ein englischer Tagelöhner würde in einem Tage mehr leisten, als auch der fleißigste Schwarze.

Jeder Neger bekommt einen Quadratstrich Erdreichs, den er, nach seiner Laune und seinem Gutdünken, bewirtschaften kann. Sie gewinnen darauf, wenigstens zweimal des Jahrs, Mais, Ertoffeln, Spinat etc. Die geschickteren Ananas, Melonen etc. Alle Produkte, die sie auf ihren Feldern erzielen, haben sie das Recht, zu verkaufen; ein Erwerb, der bei weitem beträchtlicher ist, als der Erwerb auch des tätigsten Tagelöhners in Europa. Niemals sieht man, unter diesen Negern Bettler, oder Gestalten so elender und jämmerlicher Art, wie sie einem in Großbritannien und Irland begegnen.

Alle Schwarze werden in Krankheiten gepflegt; besonders aber die Weiber derselben während ihrer Niederkunft. Jedem Weibe, das in Wochen liegt, wird eine Hebamme und eine Wärterin zugeordnet; man fordert auch nicht die mindeste Arbeit von ihr, bis sie völlig wieder hergestellt ist. Überhaupt aber dürfen die Weiber nicht in schlechtem Wetter arbeiten: ein Aufseher, der zu strenge gegen sie wäre, würde weggejagt und nirgends wieder angestellt werden. Auf den Mord eines Sklaven steht unerbittlich der Tod.«

Seitdem die Engländer Meister vom holländischen Guyana sind, haben sie eine große Menge freier Schwarzen und Halbneger ins Land gezogen, welche (als Schuster, Schneider, Zimmermeister, Maurer) Professionen betreiben. Diese Menschen arbeiten anfänglich unter der Anleitung englischer und schottischer Meister; nachher werden sie selbst gebraucht, um die jungen Schwarzen zu unterrichten. Man hat bemerkt, daß diejenigen, die aus den Völkerschaften von Kongo und Elbo abstammen, geschickter und gelehriger sind, als die übrigen Afrikaner.

Der Verfasser war jedesmal bei der Ankunft eines Fahrzeuges mit Negern und bei dem Verkauf derselben gegenwärtig. Gewöhnlich sind auf Anstiften der Herren die Schwarzen alsdann in dem sogenannten Verkaufssaal versammelt; sie tanzen und singen, und man gibt ihnen zu essen. Der Verfasser bemerkte bei einer solchen Gelegenheit zwei Knaben unter den Angekommenen, die, ohne Teil an der Lustbarkeit zu nehmen, traurig und nachdenkend in der Ferne standen. Er näherte sich ihnen freundlich, und sprach mit ihnen; worauf der ältere von beiden, mehr durch Zeichen, als durch das schlechte Englisch, das er, während seiner Überfahrt, gelernt hatte, ihm zu verstehen gab: sein Kamerad habe eine entsetzliche Furcht davor, verkauft zu werden, weil er meine, daß man sie nur kaufe, um sie zu essen. Herr B. nahm den Knaben bei der Hand, und führte ihn auf den Hof; er gab ihm einen Hammer, und bemühte sich, ihm verständlich zu machen, daß man ihn brauchen würde, Holz, zum Bau der Schiffe und Häuser, zu bezimmern. Der Knabe tat, mit einem fragenden Blick, mehrere Schläge auf das Holz; und da er sich überzeugt hatte, daß er recht gehört habe, sprang er und sang, mit einer ausschweifenden Freude; kehrte aber plötzlich traurig zu Herrn B. zurück, und legte ihm seinen Finger auf den Mund, gleichsam, um ihn zu fragen, ob er auch ihn nicht essen würde. Herr B. nahm darauf ein Brot und ein Stück Fleisch, und bedeutete ihm, daß dies die gewöhnliche Nahrung der Europäer sei; er ergriff den Arm des Knaben, führte ihn an seinen Mund, und stieß ihn, mit dem Ausdruck des Abscheus und des Ekels, wieder von sich. Der junge Afrikaner verstand ihn vollkommen; er stürzte sich zu seinen Füßen, und stand nur auf, um zu tanzen und zu singen, mit einer

Ausgelassenheit und Fröhlichkeit, die Herr B. ein besonderes Vergnügen hatte, zu beobachten.

»Ich komme noch einmal«, sagt der Verfasser am Schluß, »zu meinem Lieblingsgedanken zurück, nämlich für die Erneuerung und den Wachstum der schwarzen Bevölkerung in den Kolonien der Inseln und des Kontinents von Amerika Sorge zu tragen. Man müßte Neger, welche während zwanzig Jahre Beweise von Treue und Anhänglichkeit in den europäischen Niederlassungen gegeben haben, nach den Küsten von Afrika zurückschicken. Ich zweifle nicht, daß diese Emissarien ganze Völkerschaften, die ihnen freiwillig folgten, mitbringen würden: so erträglich ist der Zustand der Neger in Amerika im Vergleich mit dem Elend, dem sie unter der grimmigen Herrschaft ihrer einheimischen Despoten ausgesetzt sind.«

Haydns Tod

Haydn verließ schon, seit dem Jahr 1800, hohen Alters wegen, die kleine Wohnung nicht mehr, die er in einer Vorstadt von Wien besaß. Seine Schwäche war so groß, daß man ihm ein eigenes Fortepiano, dessen Claven, vermittelst einer Vorrichtung, mit besonderer Leichtigkeit zu rühren waren, erbauen mußte. Er bediente sich dieses Instruments, schon seit 1803, nicht mehr, um zu komponieren, sondern bloß, die Öde seiner alten Tage, wenn er sich dazu aufgelegt fühlte, zu erheitern. Freunde, welche kamen, sich nach seiner Gesundheit zu erkundigen, fanden, statt der Antwort, an der Tür eine Karte befestigt, auf welcher folgender Satz, aus einem seiner letzten Gesänge, in Kupfer gestochen war:

»Meine Kraft ist erloschen, Alter und Schwäche drücken mich zu Boden.«

Inzwischen hatte sich, während des Winters von 1808, in den ersten Häusern von Wien, eine Gesellschaft gebildet, welche Sonntags, vor einer zahlreichen Versammlung, die Werke der großen Musikmeister aufführte. Einer der geschmackvollsten und prächtigsten Säle der Stadt, der in seinem Raum wenigstens fünfzehnhundert Menschen faßte, war der Schauplatz dieser musikalischen Festlichkeit; Damen und Herren vom ersten Rang fanden sich darin ein, teils um der Konzerte und Oratorien, die man gab, zu genießen, teils selbst an der Ausführung derselben, begleitet von den geschicktesten Meistern der Stadt, Anteil zu nehmen. Am Schluß des Winterhalbenjahrs, den 27. März 1808, entschloß sich die Gesellschaft, Haydns Schöpfung aufzuführen. Man erhielt von Haydn, in einem heiteren Augenblick, das Versprechen, daß er sich dabei einfinden würde: und alles, was Gefühl für Musik und Ehrfurcht für Verdienst und Alter hatte, beeiferte sich dem gemäß, an diesem Tage gegenwärtig zu sein. Zwei Stunden vor Anfang des Konzerts war der Saal bereits voll; in der Mitte ein dreifacher Rang von Sesseln, mit den ersten Virtuosen der Stadt, Männern wie Salieri, Gyrowetz, Hummel etc. besetzt; vorn ein Sessel von noch größerer Auszeichnung, bestimmt für Haydn, der nicht ahndete, welch ein Triumph seiner wartete.

Kaum war das Zeichen seiner Ankunft gegeben, so steht, in unbesprochener Übereinkunft, wie durch einen elektrischen Schlag, alles auf; man drängt, man erhöht sich, um ihn zu sehen, und alle Blicke sind auf die Türe gerichtet, durch die er eintreten soll. Die Prinzessin von Esterhazy, an der Spitze einer Versammlung von Personen von der ersten Geburt oder seltnem, vorzüglichem Talent, erhebt sich und geht ihm, um ihn zu empfangen, bis an den Fuß der Treppe entgegen. Der rühmwürdige Greis, auf einem Sessel getragen, erscheint unter der Tür; er kömmt, unter Vivatrufen und Beifallklatschen, vom Tusch aller Instrumente begrüßt, auf dem für ihn bestimmten Sessel an. Die Prinzessin von Esterhazy nimmt Platz zu seiner Rechten, der Autor der Danaiden zu seiner Linken; die Prinzen von Trautmannsdorf, Lobkowitz, mehrere auswärtige Gesandte usw. folgen; und es erscheinen zwei Damen, welche ihm, im Namen der Gesellschaft, zwei Gedichte überreichen, das eine ein Sonett, in italienischer Sprache, gedichtet von Carpani, das andere eine Ode, in deutscher Sprache, gedichtet von Collin.

Haydn, der diesen Empfang nicht vorhergesehen hatte, gebrach es, einfach und bescheiden, wie er war, an Worten, das Gefühl, das ihn ergriff, auszusprechen. Man hörte nur einzelne, von Tränen unterbrochene, Laute von ihm: »Niemals - niemals empfand ich -! Daß ich in diesem Augenblick sterben möchte -! Ich würde glücklich in die andere Welt hinüber schlummern!«

In eben diesem Augenblick wird von Salieri, der das Konzert dirigierte, das Zeichen zum Anfang desselben gegeben; Kreuzer am Flügel, Clementi (mit der ersten Violine), Weinmüller, Radichi, und eine Auswahl von Liebhabern, beginnen, mit bewundernswürdiger Einheit und Innigkeit, die Aufführung der Haydnschen Schöpfung. Vielleicht ist dies Werk noch nie in solcher Vollkommenheit exekutiert worden; die Talente übertrafen sich selbst, und die Zuhörer empfanden, was sie nie wieder empfinden werden. Haydn, dessen Herz, alt und schwach, von Gefühlen überwältigt ward, zerfloß in Tränen, er vermochte nichts, als seine Hände, sprachlos, zum Zeichen seiner Dankbarkeit, gen Himmel zu heben.

Inzwischen hatte das Gefühl, das dieses Fest anordnete, vorausgesehen, was es der Gesundheit des ehrwürdigen Greises, durch die damit verbundenen Erschütterungen, kosten konnte: und schon zu Ende des ersten Akts erschien der Tragsessel wieder, der ihn zurückbringen sollte. Haydn winkte den Trägern, sich zu entfernen, um keine Störung im Saal zu veranlassen; aber man drang in ihn, sich nach Hause zu begeben, und so ward er mit demselben Triumph, obschon nicht mehr mit dem Ausdruck ungetrübter Heiterkeit, mit welchem er erschienen war, wieder weggebracht.

Jedes Herz glaubte, als er den Saal verließ, ihm das letzte Lebewohl zu sagen.

Im Vorzimmer streckte er noch einmal die Hände über die Versammlung aus, gleichsam um sie zu segnen; und ein Vorgefühl von Trauer trat an die Stelle der frohen Begeisterung, mit welcher man ihn empfangen hatte.

Dies Vorgefühl war nur zu gerecht. Haydn, in seine Wohnung angekommen, hatte das Bewußtsein verloren; und zwei und einen halben Monat darauf (den 31. Mai) war er tot.

Redaktionelle Anzeigen und Erklärungen

[Für den »Phöbus«]

[1]

Phöbus

Ein Journal für die Kunst
herausgegeben von Heinrich v. Kleist und Adam H. Müller

Unser Bestreben, die edelsten und bedeutendsten Künstler und Kunstfreunde für eine allgemeinere Verbindung zu gewinnen, als sie bereits in Dresden, dem Lieblingssitze der deutschen Kunst, existierte, hat den glücklichsten Fortgang. Demnach beginnen wir mit dem Jahre 1808, nach dem etwas modifizierten und erweiterten Plane der *Horen*, unter dem oben aufgeführten Titel unser durch vielfältigen Anteil begünstigtes Kunstjournal. Kunstwerke, von den entgegengesetztesten Formen, welchen nichts gemeinschaftlich zu sein braucht, als Kraft, Klarheit und Tiefe, die alten, anerkannten Vorzüge der Deutschen – und Kunstansichten, wie verschiedenartig sie sein mögen, wenn sie nur eigentümlich sind und sich zu verteidigen wissen, werden in dieser Zeitschrift wohltätig wechselnd aufgeführt werden.

Wir stellen den Gott, dessen Bild und Name unsre Ausstellungen beschirmt, nicht dar, wie er in Ruhe, im Kreise der Musen auf dem Parnaß erscheint, sondern vielmehr wie er in sichrer Klarheit die Sonnenpferde lenkt. Die Kunst in dem Bestreben recht vieler gleichgesinnter, wenn auch noch so verschieden gestalteter Deutschen darzustellen, ist dem Charakter unsrer Nation angemessener, als wenn wir die Künstler und Kunstkritiker unsrer Zeit in einförmiger Symmetrie und im ruhigen Besitz um irgend einen Gipfel noch so herrlicher Schönheit versammeln möchten. – Unter dem Schutze des daherfahrenden Gottes eröffnen wir einen Wettlauf; jeder treibt es so weit er kann, und bleibt unüberwunden, da niemand das Ziel vollkommen erreichen, aber dafür jeder neue Gemüter für den erhabenen Streit entzünden kann, ohne Ende fort.

Wir selbst wissen unsere Arbeiten an keinen ehrenvolleren Platz zu stellen, als neben andere ebenso eigentümliche und strenge;

Ansichten und Werke können sehr wohl mit einander streiten, ohne sich gegenseitig aufzuheben. Aber wie wir selbst bewaffnet sind, werden wir keinen andern Unbewaffneten oder auch nur Leichtbewaffneten auf dem Kampfplatz, den wir hierdurch eröffnen, neben uns leiden. Große Autoren von längst begründetem Ruhm werden mit uns sein; andre, wie das Eisen den Mann an sich zieht, werden ihnen nachfolgen, wenn sie den Geist dieser Unternehmung in seiner Dauer sehen werden.

Die bildende Kunst wird ohne Rücksicht auf den spielenden und flachen Zeitgeist, mit Strenge und Ernst, in die ganze wohlgeschlossene Verbindung eingreifen. Unterstützt von den vortrefflichsten Künstlern und Kunstkennern dieser unsrer zweiten Vaterstadt, wird ein deutscher Maler, *Ferdinand Hartmann*, hinlänglich gekannt und verehrt, diesen Teil unsrer Unternehmung leiten. Welches ausgezeichnete Neue getan ist, oder welches unbekannte alte Werk durch die neue Bewegung und Berührung kunstliebender Gemüter an uns gelangt, soll in klaren und bestimmten Umrissen monatlich unsern Lesern vorgestellt werden.

Und so empfehlen wir unsre Absichten zur geneigten Begünstigung jedem, der es ernsthaft und gut meint.

Heinrich von Kleist. Adam H. Müller.

Dieses Journal erscheint in monatlichen Heften, jedes zu 6–7 Bogen in einem eleganten Umschlage, vom Januar des Jahres 1808 an, jedesmal am 20. des Monats. Für bessere Exposition der Kupferstiche, deren eines jedes Heft begleitet, ist das Quartformat gewählt worden. Das Exemplar auf feinem Schreibpapier im Subskriptionspreise kostet 10 Reichstaler sächsisches Konventionsgeld, welcher Betrag indes beim Empfang des Februarheftes entrichtet werden muß; Exemplare auf Velinpapier können wir auf desfallsige Bestellungen, wenn sie vor dem 1. Februar an uns gelangen, für 14 Taler Konv. Geld liefern. Für diese Preise erhält der Subskribent sein Exemplar monatlich an Ort und Stelle postfrei eingesendet. Die Annahme der Bestellungen haben die Herren Cotta in Tübingen, Perthes in Hamburg, das Industriecomptoir in Weimar und die Realschulbuchhandlung in Berlin gütigst übernommen. Alle Sendungen und Mitteilungen an die Redaktion erfolgen frankiert unter der Adresse: An die Expedition des Phöbus zu Dresden. –

[2]

Anzeige

betreffend den Phöbus, ein Journal für die Kunst, herausg. v. Heinrich von Kleist und Adam H. Müller. Mit Kupfern.

Da der Debit des Phöbus, nach den bisherigen Bestellungen zu urteilen, sich über unsre Erwartung erweitert, so sehen wir uns genötigt, selbigen einer Buchhandlung zu übertragen. Sobald die deshalb angeknüpften Unterhandlungen beendigt, soll der Name des Verlegers angezeigt werden: bis dahin bitten wir alle Bestellungen noch unter der Adresse an die Expedition des Phöbus zu Dresden einzusenden.

Allen redenden und bildenden Künsten steht unser Journal offen. Jede kunstreiche Behandlung der verschiedenartigsten Stoffe ist für unsre Absicht gerecht; alles Handwerk gleichviel des Malers und des Dichters oder des Denkers von Profession bleibt ausgeschlossen. Wir machen es uns zur Pflicht, in jedem einzelnen Hefte die allerentgegengesetztesten Ansichten, Werke und Künste zu versammeln, nicht bloß der Mannigfaltigkeit wegen, welche nur die verwöhnten, weichlichen Seelen von einem Journale unbedingt begehren, sondern besonders wegen Befreiung des Gemüts von den engen Schranken, in welche man die Weltidee der Kunst einzudrängen pflegt. Deshalb können wir unserer Absicht nicht genug tätige Genossen wünschen. Um aber die Redaktion mit Umsicht und Klugheit betreiben zu können, müssen wir unsern Herren Mitarbeitern folgenden Plan für die Einsendung der Beiträge vorlegen:

Von den poetischen oder philosophischen Werken, die unserm Journale zugedacht werden, müssen wir uns eine vorläufige schriftliche Anzeige mit Bemerkung des Gegenstandes, der Behandlungsform und der Bogenzahl postfrei erbitten, damit hiernach entschieden werden könne, ob und an welcher Stelle der Beitrag aufgenommen wird, und damit das unnötige Hin- und Hersenden, wie auch das Liegenbleiben der Manuskripte vermieden werde.

Da für den gedruckten Bogen jeder Originalarbeit 30 Rtlr. Konv. Geld an Honorar beschlossen worden, und wir überdies unserm Publikum die strengste Würdigung der Arbeiten schuldig sind, welche wir ihm vorlegen, so wird der Fall, daß wir Manuskripte zurücksenden müssen, zwar eintreten, aber bei obiger Einrichtung selten eintreten. Allenthalben wird man sehen, wie die Kunstvereinigung, welche wir im Sinne haben, uns mehr wert sei, als die eignen Arbeiten, in wie guter und großer Absicht sie auch geschrieben wären.

Statt der gewöhnlichen Art sich beim Anfang einer solchen Unternehmung auf die fremden Teilnehmer zu berufen, erklären wir nur, daß wir uns der Begünstigung

Goethes

erfreuen. Es wäre unbescheidnes Selbstvertraun, wenn wir verschmähten, ja, wenn wir uns nicht darum beworben hätten, von *Ihm* empfohlen zu werden.

Die Redaktion des Phöbus.

[3]

Der Engel am Grabe des Herrn

Anmerkung. Wir enthalten uns für jetzt aller Bemerkungen über das vortreffliche Bild, welches vorstehende poetische Behandlung desselben Stoffes veranlaßt hat. Der Umriß des Hartmannschen Gemäldes, welchen wir unsern Lesern in dem gegenwärtigen Hefte mitgeteilt, bleibt, da seine Ausführung durch die Umstände sehr beschleunigt worden, weit hinter den Forderungen zurück, die wir selbst an uns machen: aber der gelungenste Umriß selbst würde nur eine schwache Vorstellung von dem einfachen und frommen Geiste geben können, der im Bilde waltet. Deshalb versprechen wir eine ausgeführte Beschreibung desselben, die uns Gelegenheit geben wird, die Natur der Malerei an dem großartigen Streben unsers Freundes zu entwickeln. Wo es irgend angeht, wird der in diesen Blättern monatlich ausgestellte Umriß durch eine poetische Darstellung des Stoffes begleitet werden, damit eine Sammlung von Beispielen vorliege, an denen, vielleicht gegen Ende des Jahres, die alte wichtige Frage: von den Grenzen der Malerei und Poesie, deutlich erörtert werden könne.

[4]

Der diesem Hefte beigefügte Umriß stellt den jungen Cimon dar, welcher sich nach dem Tode des Miltiades an seiner Statt in das Gefängnis begibt, und die Schwester, welche gegen den blühenden Bruder die Leiche des Vaters austauscht. Die Zeichnung ist nach einem vortrefflichen Bilde von Wächter und wird im März-Hefte des Phöbus, zugleich mit den Ausstellungen des ersten Heftes einer näheren Betrachtung unterzogen werden.

[5]

Von den Kupfern stellt das erste den Saul dar, den das Harfen-spiel Davids zu erweichen anfängt, nach einem eben vollendeten Bilde des Herrn *Gerhard von Kügelgen*; das zweite den Amor, wel-chem Bachus eine Schale mit Wein reicht, nach einer Zeichnung des verstorbenen *Carstens*.

[6]

Zur Weinlese. Von Friedrich von Hardenberg

[Fußnote:] Ein ländliches Gelegenheitsgedicht, auch wenn man-che Beziehung darin unverstanden bleiben sollte, wird dennoch den Freunden des unvergeßlichen Dichters als Reliquie heilig sein.

[7]

An die Interessenten des Journals Phöbus

Die beschleunigte Fortsetzung des in Dresden erscheinenden Kunstjournals Phöbus ist bisher durch die Ungunst der Zeitum-stände gehemmt worden. Indes ist die Sphäre dieser Zeitschrift durch die Teilnahme der *Frau von Stael*, und der Herren *Friedrich Schlegel* und *Ludwig Tieck* erweitert und alles Hindernis auch für die Zukunft beseitigt worden.

Es ist soeben das 6. Heft des Phöbus erschienen und versandt worden. Da nun aber weder die persönlichen Verhältnisse der Herausgeber, noch die Beschaffenheit des deutschen Buchhandels fernerhin den Selbstverlag erlauben, so hat sich die *Walthersche Hofbuchhandlung* allhier zum künftigen Verlage dieses Journals entschlossen, und wird vom 7. Hefte an die Fortsetzung liefern, so, daß die restierenden 6 Hefte dieses Jahrgangs noch in diesem Jahre von ihr versendet werden. Es haben sich demnach alle Buchhandlungen sowohl, als andre Beförderer dieses Unternehmens, von jetzt an, an die Walthersche Hofbuchhandlung mit ihren Bestellungen zu wenden.

[Für die »Berliner Abendblätter«]

[1]

Berliner Abendblätter

Unter diesem Titel wird sich mit dem 1. Oktbr. d. J. ein Blatt in Berlin zu etablieren suchen, welches das Publikum, insofern dergleichen überhaupt ausführbar ist, auf eine vernünftige Art unterhält. Rücksichten, die zu weitläuftig sind, auseinander zu legen, mißraten uns eine Anzeige umständlicherer Art. Dem Schluß des Jahrgangs wird ein weitläuftiger Plan des Werks angehängt werden, wo man alsdann zugleich imstande sein wird, zu beurteilen, inwiefern demselben ein Genüge geschehen ist.

Berlin, den 25. Septbr. 1810.
Die Redaktion der Abendblätter.

[2]

[1. Fassung]

Berliner Abendblätter

(Siehe Vossische Zeitung vom 25. d. M.)

Von diesem Tagblatte wird Montag den 1. Oktober in der Expedition desselben, hinter der katholischen Kirche Nr. 3 zwei Treppen hoch, abends von 5-6 Uhr, das erste Stück gratis ausgegeben, und von da an erscheint dann *täglich*, mit Ausschluß des Sonntags, in der nämlichen Stunde ein solches Stück von einem Viertelbogen. Das Abonnement beträgt vierteljährig, also für 72 Stücke, achtzehn Groschen klingendes Kurant, das einzelne Blatt dagegen kostet 8 Pf. Die Interessenten des Herrn Buchalsky können es durch diesen erhalten, der ihnen auch das erste Stück gratis ins Haus schicken und sie zum Abonnement auffordern wird, und Auswärtige belieben sich durch die ihnen zunächst gelegenen Postämter an das hiesige Generalpostamt zu wenden.

Die Redaktion.

[2. Fassung]

Von diesem Blatte erscheint *täglich*, mit Ausschluß des Sonntags, ein Viertelbogen, und wird in der Stunde von 5-6 Uhr abends in der Expedition desselben, hinter der katholischen Kirche Nr. 3 zwei Treppen hoch, ausgegeben. Das Abonnement beträgt vierteljährig, also für 72 Stück, *achtzehn Groschen* klingendes Kurant, das einzelne Blatt dagegen, kostet 8 Pf. Den Interessenten des Herrn Buchalsky kann es durch diesen ins Haus geschickt werden; Auswärtige, die es mit den Zeitungen zugleich zu erhalten wünschen, belieben sich an das hiesige Königl. Hofpostamt zu wenden. Die Spedition an die Buchhandlungen, jedoch nur in Monatsheften, hat der hiesige Buchhändler, *J. E. Hitzig* übernommen.

Berlin, den 1. Oktober 1810.

Die Redaktion.

[3]

An das Publikum

Um alle uns bis jetzt bekannt gewordene Wünsche des Publikums in Hinsicht der Austeilung der *Berliner Abendblätter* zu befriedigen, sind folgende Veranstaltungen getroffen worden.

1) Da man das bisherige Lokal, bei dem außerordentlichen Andränge von Menschen, zu enge befunden; so werden, von *Montag den 8. d.* an, die gedachten Abendblätter *nicht mehr hinter der Katholischen Kirche Nr. 3*, sondern *in der Leihbibliothek des Herrn Kralowsky in*

der Jägerstraße Nr. 25 parterre, ausgegeben werden. Die Stunde, in der dies geschieht, bleibt für die neuen Blätter eines jeden Tages, wie bisher, die von 5 bis 6 Uhr; dagegen sind die vom vorigen Tage ebendaselbst (nämlich bei Hrn. Kralowsky), von morgens 8 bis mittags 12 Uhr, und von nachmittags 2 bis abends 6 Uhr zu haben; so wie auch in dieser ganzen Zeit Abonnements angenommen werden.

2) Wer die Abendblätter jeden Abend ins Haus geschickt verlangt, kann sich, er möge abonniert haben wo er wolle, unter Vorzeigung seiner Abonnementsquittung, an *Herrn Buchalsky in der Fischerstraße Nr. 13* wenden, welcher vierteljährlich nicht mehr als 4 gGr. Bringegeld nimmt.

3) Derjenige Teil des Publikums, der *der Post* nahe wohnt, kann die Abendblätter *auch von da* jeden Abend abholen lassen, wenn er deshalb mit einem der Herrn Hofpostsekretäre Verabredung trifft.

4) Es werden in den nächsten Tagen, auch für die entfernteren Gegenden der Stadt, Orte angezeigt werden, wo deren Einwohner sich abonnieren und jeden Abend die Blätter erhalten können.

5) Auswärtige Abonnenten dürfen sich nur an die Postämter ihres Wohnorts adressieren, da das hiesige Hofpostamt die Güte gehabt hat, an sämtliche Postämter in den Königl. Staaten Freiexemplare des ersten Blattes, mit der Aufforderung, Abonnenten zu sammeln, zu übersenden.

Übrigens wird nur auf den Schluß des vierten Blattes (vom 4. Oktober) verwiesen, um das Publikum zu überzeugen, *daß bloß das, was dieses Blatt aus Berlin meldet, das Neueste und das Wahrhafteste sei.*

Nachschrift. Auf viele desfallsige Anfragen wird endlich auch bemerkt, daß es sich von selbst verstehe:

daß jeder der *jetzt noch, oder auch später,* mit 18 Gr. für das 1. Vierteljahr abonniert, *alle Stücke des Blattes, vom l. Oktober an,* die bisher ausgegeben worden, nachgeliefert erhält.

Berlin, den 5. Oktober 1810.

Die Redaktion der Abendblätter.

[4]

Kunstausstellung

[L. Beckedorff: »Und somit können wir nunmehr eine ganze Masse anderer Porträte, womit die Ausstellung überfüllt ist, auch die des Herrn Gerhard von Kügelgen in Dresden, dreist übergehen[2] .«]

[5]

Anzeige

Der uns von unbekannter Hand eingesandte Aufsatz über die Proklamation der Universität, kann, aus bewegenden Gründen, in unser Blatt nicht aufgenommen werden, und liegt zum Wiederabholen bereit.

[6]

Anzeige

Zwei Aufsätze, der eine betitelt: *Christian Jakob Kraus.* Antwort auf den Aufsatz im Abendblatt Nr. n (welcher den 14. d.) der andere betitelt: *Antikritik* (welcher den 17. d. an uns abgegeben worden ist) werden, sowie der Aufsatz: *Fragmente eines Zuschauers* usw. (der bereits vor 8 Tagen an uns abgegeben ist) nebst mehrern andern schätzbaren Aufsätzen, sobald es der Raum dieser Blätter irgend gestattet, darin aufgenommen werden; wobei wir die unbekannten Herrn Mitarbeiter, die uns mit ihren Beiträgen beehren, ganz ergebenst bitten, auf die Ökonomie dieses Blattes Rücksicht zu nehmen, und uns gefälligst die Verlegenheit zu ersparen, die Aufsätze brechen zu müssen.

Die Redaktion.

---

[2] Anmerk. des Herausgeb. Des Raums wegen. Wir werden im Feld der historischen Malerei auf ihn zurückkommen. H. v. K.

[7]

Erklärung

S. Voß. Zeitung, den 25. Sept. 1810

Mancherlei Rücksichten bestimmen mich, mit diesem Blatt, welches sich nunmehr etabliert *hat*, aus der Masse anonymer Institute herauszutreten. Demnach bleibt der Zweck desselben zwar, in der ersten Instanz, Unterhaltung aller Stände des Volks; in der zweiten aber ist er, nach allen erdenklichen Richtungen, Beförderung der Nationalsache überhaupt: und mit meinem verbindlichsten Dank an den unbekannten Herrn Mitarbeiter, der, in dem nächstfolgenden Aufsatz, zuerst ein gründliches Gespräch darüber einging, unterschreibe ich mich,

der Herausgeber der Abendblätter,
Heinrich von Kleist.

[8]

Erklärung

Der Aufsatz Hrn. L. A. v. A. und Hrn. C. B. über Hrn. Friedrichs Seelandschaft (S. 12. Blatt) war ursprünglich dramatisch abgefaßt; der Raum dieser Blätter erforderte aber eine Abkürzung, zu welcher Freiheit ich von Hrn. A. v. A. freundschaftlich berechtigt war. Gleichwohl hat dieser Aufsatz dadurch, daß er nunmehr ein bestimmtes Urteil ausspricht, seinen Charakter dergestalt verändert, daß ich, zur Steuer der Wahrheit, falls sich dessen jemand noch erinnern sollte, erklären muß: nur der Buchstabe desselben gehört den genannten beiden Hrn.; der Geist aber, und die Verantwortlichkeit dafür, so wie er jetzt abgefaßt ist, mir.

H. v. K.

[9]

Allerneuester Erziehungsplan

Wir bitten unsre Leser gar sehr, sich die Mühe, die Aufsätze im 25, 26 und 27. Abendblatt noch einmal zu überlesen, nicht verdrießen zu lassen. Die Nachlässigkeit eines Boten, der ein Blatt abhanden kommen ließ, hat uns an die ununterbrochene Mitteilung dieses Aufsatzes verhindert.

(Die Redaktion.)

[10]

Auf die häufigen Anfragen Auswärtiger über die Art,

die Berliner Abendblätter

am leichtesten zu erhalten, wird hierdurch nochmals bemerkt, daß man dies interessante Tagblatt, welches *jeden Abend* erscheint, und immer das Neueste und Zuverlässigste aus Berlin bringt, *durch alle Königliche Postämter posttäglich* und durch alle Buchhandlungen in Monatsheften bekommen kann. Für Berlin bleibt die Expedition in der Jägerstraße Nr. 25, wo man noch immer mit 18 Gr. für das ganze Vierteljahr pränumerieren kann.

[11]

Erklärung

So gewiß der Unterzeichnete über Christian Jakob Kraus und über die Frage, ob es zweckmäßig oder unzweckmäßig war, die Grundsätze des Adam Smithschen Systems der preuß. Staatsverwaltung einzuverleiben, seine Partei genommen hat, so ist der Gegenstand doch, von jeder Seite betrachtet, zu wichtig, als daß derselbe nicht dem wissenschaftlichen Gespräch, das sich in diesen Blättern darüber erhoben hat, freien Lauf lassen sollte. Demnach legt er dem Publikum, seines Anteils an dieser Sache gewiß, folgenden Aufsatz von der Hand eines höchst achtungswürdigen Staatsmannes aus Königsberg vor, der sich berufen gefühlt hat, die Sache seines Freundes, des verewigten Christian Jakob Kraus, gegen den Angriff (11tes Blatt) zu verteidigen.

H. v. K.

[12]

Anzeige

Den Verfasser eines Aufsatzes: *Über die neueste Lage von Großbritannien,* der aus Rücksichten, die hier zu erörtern zu weitläufig wäre, nicht aufgenommen werden kann, ersuchen wir ganz ergebenst, ein Schreiben für ihn in der Expedition der Abendblätter (Jägerstraße, bei Hrn. Kralowsky) abzuholen. Dasselbe wird ihm auf Vorzeigung *eines Petschafts mit einem Sokrateskopf* ausgeliefert werden.

(Die Redaktion.)

[13]

Anzeige

Die sogenannte *unparteiische Gesellschaft,* die kürzlich ein Schreiben, die Beschwerden der Bäcker betreffend, an uns erlassen hat, hat sich eine Antwort darauf, unter *Vorzeigung einer ähnlichen Handschrift,* in der Expedition der Abendblätter (Jägerstraße Nr. 25) abzuholen.

(Die Redaktion.)

[14]

Berichtigung

Auf wiederholtes und dringendes Verlangen des Verfassers der Aufsätze über C. J. Kraus (S. 19. und 34. Abendblatt) nehmen wir noch folgendes Fragment einer an uns eingelaufenen Erklärung auf:

»Den Beruf des Herr A. v. A. für einen Freund in die Schranken zu treten, erkennen wir willig und ehrend an. Ja wir sind ihm Dank schuldig, uns aufmerksam gemacht zu haben, wie man unsere Worte auslegen könnte. –

Wem konnte es aber je einfallen, daß der *Verfasser* jenes als Feuerbrand bezeichneten Werks, mit dem *Verfasser* des unter diesem Titel erschienenen Journals je in Vergleichung oder in irgend eine Gemeinschaft gesetzt werden sollte? Selbst die Schriften werden nicht verglichen, sondern stehen in direk-

tem Gegensatz, weshalb eben die Anspielung auf den was-
serreichen mit dem Umschlag und Titel kontrastierenden Inhalt jenes Journals gemacht wurde. Das Werk haben wir einen Feuerbrand genannt, weil es mit Feuer geschrieben ist, in
demselben Sinne, wie man die Schriften Luthers, Voltaires,
Burkes und jedes Mannes der für eine abweichende Meinung
mit Kraft auftritt, Feuerbrände nennen könnte.« –

Der Rest dieser Erklärung betrifft nicht mehr die Sache, sondern
Persönlichkeiten; und da er mithin das Mißverständnis, statt es
aufzulösen, nur vermehren würde: so schließen wir den ganzen
Streit, den der Aufsatz C. J. Kraus (n. Blatt) veranlaßt, mit dieser
Berichtigung ab.

(Die Red.)

[15]

Ankündigung

[Entwurf]

Durch die Gnade Sr. Exzellenz des Hr. Staatskanzlers Freiherrn
von Hardenberg, werden die zur Erhebung und Belebung des Anteils an den vaterländischen Angelegenheiten unternommenen, und
mit dem Beifall des Publikums auf unerwartete Weise beehrten

Berliner Abendblätter

von nun an offizielle Mitteilungen, über alle bedeutenden, das
Gemeinwohl und die öffentliche Sicherheit betreffenden Ereignisse
in dem ganzen Umfange der Monarchie enthalten. Pränumeratio-
nen für das nächstfolgende Quartal müssen vor dem 1. Jan. 1811 in
der Expedition der Abendblätter eingehen, indem nur diejenige
Zahl von Exemplaren, auf welche sich die Bestellung beläuft, gedruckt werden wird.

[2. Fassung]

Durch höhere Unterstützungen werden die zur Erhebung und
Belebung des Anteils an den vaterländischen Angelegenheiten un-
ternommen und mit dem Beifall des Publikums auf unerwartete
Weise beehrten

in zwei Punkten, vom 1. Januar 1811 an, folgende wesentliche Ausdehnung erhalten; nämlich:

1) Werden dieselben, in wöchentlichen Darstellungen, *spezielle Mitteilungen* über alle, das Gemeinwohl und die öffentliche Sicherheit betreffende interessante Ereignisse, *in dem ganzen Umfange Monarchie*, enthalten.

2) Wird das *Bülletin der öffentlichen* ausführlicher, als es bisher geschehen ist, einen Auszug der wichtigsten, neu angekommenen, offiziellen Nachrichten des Auslandes kommunizieren, und insofern, da das Blatt täglich erscheint und der Abgang der Posten zu seiner täglichen Versendung benutzt werden kann, eine Art von Vorläufer der Zeitungen werden.

Alles übrige bleibt, wie es ist. Die Veränderungen *der vaterländischen Gesetzgebung*, zuvörderst der nächste und würdigste Gegenstand der allgemeinen Teilnahme, werden, nach wie vor, mit unbefangenem patriotischen Geiste gewürdigt, die bedeutendsten Erscheinungen der *Literatur* angezeigt und das *Theater*, in einem periodisch wiederkehrenden Artikel, einer kurzen und gründlichen Kritik unterzogen werden. Das Ganze wird, wie bisher, zunächst von der Liebe für Vaterland und König, und, in weiterer Beziehung, vom Eifer für alles Gute in allen Ständen und Wirkungskreisen, durchdrungen sein. –

Redaktion der Berliner Abendblätter.

[3. Fassung]

Durch höhere Unterstützung werden die zur Erhebung und Belebung des Anteils an den vaterländischen Angelegenheiten unternommenen und mit dem Beifall des Publikums auf unerwartete Weise beehrten

Berliner Abendblätter

vom 1. Januar 1811 an, die wesentliche Ausdehnung erhalten, daß dieselben, in wöchentlichen Darstellungen, spezielle Mitteilungen über alle, das Gemeinwohl und die öffentliche Sicherheit betreffende interessante Ereignisse, in dem ganzen Umfange der Monarchie, enthalten werden. Außerdem wird in dem *Bülletin der öffentlichen*

Blätter in derselben Art, als es bisher geschehen, ein Auszug der wichtigsten Nachrichten des Auslandes mitgeteilt werden.

Auch alles übrige bleibt, wie es ist. Die Veränderungen der *vaterländischen Gesetzgebung*, zuvörderst der nächste und würdigste Gegenstand der allgemeinen Teilnahme, werden, nach wie vor, mit unbefangenem patriotischen Geiste gewürdigt, die bedeutendsten Erscheinungen der *Literatur* angezeigt, und das *Theater*, in einem periodisch wiederkehrenden Artikel, einer kurzen und gründlichen Kritik unterzogen werden. Das Ganze wird, wie bisher, zunächst von der Liebe für Vaterland und König, und, in weiterer Beziehung, vom Eifer für alles Gute in allen Ständen und Wirkungskreisen, durchdrungen sein. –

Redaktion der Berliner Abendblätter.

Unterzeichnete Buchhandlung hat den Verlag dieser täglich erscheinenden *Berliner Abendblätter*, von Neujahr 1811 an, übernommen, und wird sie mit eben der Pünktlichkeit erscheinen lassen, mit der seit *drei* Jahren der vom Publikum so gütig aufgenommene *Freimütige* bei ihr erschienen ist. Der Preis dieser *Abendblätter*, die nicht bloß für den ganzen Preußischen Staat, sondern auch für das Ausland von höchstem Interesse sein werden, beträgt *in Berlin* vierteljährig 18 Groschen Kurant; wer dieselben aber durch die Postämter und Buchhandlungen bezieht, zahlt vierteljährig 1 Taler, und, *bei sehr weiter Entfernung*, 1 Taler 3 Groschen. – Die Zeitungsexpeditionen und Postämter wenden sich gefälligst an das hochlöbl. Hofpostamt zu Berlin, sowie auch an die löbl. *Zeitungsexpeditionen zu Leipzig und Bremen*. Die Buchhandlungen machen ihre Bestellungen bei uns, und diejenigen, welche den *Freimütigen* von uns beziehen, können die *Abendblätter* in demselben Pakete mit erhalten; sie sollen also wöchentlich zweimal nach Leipzig und Hamburg versandt werden. Nur können keine Exemplare à Condition verschickt werden; und verlangte Exemplare nimmt die unterzeichnete Handlung durchaus nicht zurück.

Berlin, den 17ten Dezember 1810.

Das Kunst- und Industrie-Comptoir von Berlin
an der Leipziger und Charlottenstraßenecke Nr. 36.

[16]

Berichtigung

Hr. Buchhändler J. E. Hitzig hat (S. Beil. zum 72. Stück dieser Blätter) erklärt, daß er an der Redaktion der Berliner Abendblätter keinen Teil genommen. Diesem Umstände sehen wir uns genötigt zu widersprechen. Sowohl die Ankündigung der Abendblätter Anfang Oktobers, incl. der an den Linden und Straßenecken angeschlagenen Affichen, als auch mehrere, unter dem Strich befindliche, buchhändlerische Anzeigen, im Blatte selbst, rühren von seiner Hand her.

(Die Red.)

[17]

Duplik

(auf Hrn. Hitzigs Replik im letzten Stück der Berliner Zeitungen)

Wenn Hr. Buchhändler J. E. Hitzig doch, der Wahrheit zu Ehren, gestehen wollte, daß er Unrecht hatte, die Lieferung der Abendblätter bei dem 72. Stück abzubrechen: die unterzeichnete Buchhandlung fordert ja die Kosten der für ihn bis zum 1. Jan. 1811 nachgelieferten Blätter nicht zurück. Der Vierteljahrgang, den er versprach, besteht nicht aus 12 Wochen, woraus er 12 X 6 = 72 Blätter herausrechnet, sondern aus 13 Wochen und 1 Tag, welches 79, oder wenigstens, nach Abzug der beiden Stücke für die Weihnachtsfeiertage, 77 Blätter beträgt. Würde er, wenn der Verlag der Abendblätter bei ihm geblieben wäre, das Abonnement für den nächstfolgenden Vierteljahrgang, statt am 1. Januar, wie es sich gehört, am 24. Dezember eingezogen und denselben den 16. März (wiederum 8 Tage zu früh) geschlossen haben; Erklärungen, wie die von ihm im letzten Stück der Berliner Zeitungen erlassene, geben Stoff zu Randglossen, und kosten ja eben das Geld, um dessen Ersparnis es ihm, bei jener Maßregel, zu tun war. – Übrigens besagen ja auch seine

Quittungen über das Abonnementsgeld deutlich genug: daß er das erste *Quartal* (nicht 72 Blätter) bezahlt erhalten habe.

Kunst- und Industrie-Comptoir zu Berlin.

[18]

Anzeige

Gründe, die hier nicht angegeben werden können, bestimmen mich, das Abendblatt mit dieser Nummer zu schließen. Dem Publiko wird eine vergleichende Übersicht dessen, was diese Erscheinung leistete, mit dem, was sie sich befugt glaubte, zu versprechen, samt einer historischen Konstruktion der etwanigen Differenz, an einem anderen Orte vorgelegt werden.

H. v. K.

Über tredition

Eigenes Buch veröffentlichen

tredition wurde 2006 in Hamburg gegründet und hat seither mehrere tausend Buchtitel veröffentlicht. Autoren veröffentlichen in wenigen leichten Schritten gedruckte Bücher, e-Books und audio-Books. tredition hat das Ziel, die beste und fairste Veröffentlichungsmöglichkeit für Autoren zu bieten.

tredition wurde mit der Erkenntnis gegründet, dass nur etwa jedes 200. bei Verlagen eingereichte Manuskript veröffentlicht wird. Dabei hat jedes Buch seinen Markt, also seine Leser. tredition sorgt dafür, dass für jedes Buch die Leserschaft auch erreicht wird.

Im einzigartigen Literatur-Netzwerk von tredition bieten zahlreiche Literatur-Partner (das sind Lektoren, Übersetzer, Hörbuchsprecher und Illustratoren) ihre Dienstleistung an, um Manuskripte zu verbessern oder die Vielfalt zu erhöhen. Autoren vereinbaren direkt mit den Literatur-Partnern die Konditionen ihrer Zusammenarbeit und partizipieren gemeinsam am Erfolg des Buches.

Das gesamte Verlagsprogramm von tredition ist bei allen stationären Buchhandlungen und Online-Buchhändlern wie z. B. Amazon erhältlich. e-Books stehen bei den führenden Online-Portalen (z. B. iBookstore von Apple oder Kindle von Amazon) zum Verkauf.

Einfach leicht ein Buch veröffentlichen: **www.tredition.de**

Eigene Buchreihe oder eigenen Verlag gründen

Seit 2009 bietet tredition sein Verlagskonzept auch als sogenanntes "White-Label" an. Das bedeutet, dass andere Unternehmen, Institutionen und Personen risikofrei und unkompliziert selbst zum Herausgeber von Büchern und Buchreihen unter eigener Marke werden können. tredition übernimmt dabei das komplette Herstellungs- und Distributionsrisiko.

Zahlreiche Zeitschriften-, Zeitungs- und Buchverlage, Universitäten, Forschungseinrichtungen u.v.m. nutzen diese Dienstleistung von tredition, um unter eigener Marke ohne Risiko Bücher zu verlegen.

Alle Informationen im Internet: **www.tredition.de/fuer-verlage**

tredition wurde mit mehreren Innovationspreisen ausgezeichnet, u. a. mit dem Webfuture Award und dem Innovationspreis der Buch Digitale.

tredition ist Mitglied im Börsenverein des Deutschen Buchhandels.

Dieses Werk elektronisch lesen

Dieses Werk ist Teil der Gutenberg-DE Edition DVD. Diese enthält das komplette Archiv des Projekt Gutenberg-DE. Die DVD ist im Internet erhältlich auf **http://gutenbergshop.abc.de**

Zeitfracht Medien GmbH
Ferdinand-Jühlke-Straße 7
99095 Erfurt, Deutschland
produktsicherheit@kolibri360.de